Nina Spröber-Kolb
Psychologie für die Arbeit mit Kindern und Jugendlichen in Gefährdungssituationen

# Psychologie für Soziale Berufe

Herausgegeben von
Eva Wunderer | Christiane Heigermoser

Psychologie ist die Lehre vom Verhalten, Erleben und den mentalen Prozessen des Menschen. Sie schaut auf das Individuum, begreift den Menschen jedoch auch in seinen sozialen Zusammenhängen, als aktiven Teil eines größeren Systems. Psychologie beschreibt und erklärt, wie Menschen denken, fühlen, handeln und sich in Gruppen und Systemen bewegen; wie sie Probleme zu lösen versuchen und sich daraus möglicherweise Störungsbilder ergeben. Sie entwickelt Interventionen und versucht Vorhersagen über zukünftiges Verhalten zu treffen.
In Sozialen Berufen Tätige haben mit Menschen zu tun – was also liegt näher als die Psychologie? Sei es in der Diagnostik, in der Erklärung von Erleben, Verhalten, Problemen und Störungen, in der Beratung und Behandlung, in der Anwendung von Forschungsmethoden oder bei der professionellen Selbstsorge, überall fließt psychologisches Wissen ein.
Neben der Lebenslage nehmen Soziale Berufe die Lebensweise ihrer Klient*innen in den Blick. Diese Reihe führt beide Sichtweisen gewinnbringend zusammen und macht die Psychologie für Soziale Berufe nutzbar. Dies geschieht durch die Auswahl der Bände der Reihe wie auch durch didaktische Mittel: Anknüpfungen an die Praxis, Fallskizzen und Handlungsempfehlungen als Grundlage für Reflexionsanstöße für in Sozialen Berufen Tätige.

Und so hoffen wir als Reihenherausgeberinnen, dass Sie als Leser*in psychologische Sachverhalte, die Sie aus dem Berufs- oder Studienalltag kennen, einordnen können, zugleich aber neue entdecken und neugierig werden, Menschen zu verstehen; dass Sie Erlebnisse und Ereignisse aus verschiedenen psycho-sozialen Perspektiven betrachten, reflektieren und hinterfragen; dass Sie Ihre „professionelle Brille" durch eine psychologische Färbung anreichern.

Nina Spröber-Kolb

# Psychologie für die Arbeit mit Kindern und Jugendlichen in Gefährdungssituationen

Die Autorin

Dr. Nina Spröber-Kolb, Dipl.-Psych., Psychologische Psychotherapeutin (VT) mit Fachkunde für Kinder und Jugendliche, Supervisorin; Lehrtherapeutin, Selbsterfahrungsleiterin, Dozentin. Tätig in eigener Praxis (Verhaltenstherapie für Kinder, Jugendliche und Erwachsene) und freie Mitarbeiterin in der Kinder- und Jugendpsychiatrie Ulm. Supervisorin und Selbsterfahrungsleiterin an verschiedenen Ausbildungsinstituten. Tätig in der Lehre am Universitätsklinikum Ulm und an der Dualen Hochschule Ravensburg-Weingarten..

Dieses Buch ist erhältlich als:
ISBN 978-3-7799-6162-8 Print
ISBN 978-3-7799-5462-0 E-Book (PDF)

1. Auflage 2022



Herstellung: Ulrike Poppel
Satz: text plus form, Dresden
Druck und Bindung: Beltz Grafische Betriebe, Bad Langensalza
Beltz Grafische Betriebe ist ein klimaneutrales Unternehmen (ID 15985-2104-100)
Printed in Germany

Weitere Informationen zu unseren Autor_innen und Titeln finden Sie unter: www.beltz.de

# Inhalt

# Danksagung

Der größte Dank gebührt meinen beiden Söhnen Elijah und Ben. Ihr habt mir mit eurer Fröhlichkeit und eurer Herzenswärme trotz Corona-Pandemie und allen Herausforderungen des Lebens – und das waren viele – während des Verfassens dieses Buches Energie und Mut geschenkt. Ihr bereichert mein Leben jeden Tag. Danken möchte ich auch meinen Eltern, meiner Schwester, meinen wundervollen Neffen Tom sowie Luca Wassmer und Udo Hermle, weil ich mich immer auf euch verlassen kann. Ohne euch wäre vieles unmöglich gewesen. Ein Dank gilt auch allen Freund*innen für die großartige, alltagspraktische und emotionale Unterstützung. Besonders zu nennen sind hier Barbara Frey, Kathrin und Christian Hofer, Claudia Fahrenschon und Andy Kullick, Claudia, Rudi, Luisa und Carlotta Lohmiller, Heike Dobler, Dr. Simone Kaltenbach, Sabine Klute, Julie Duncan, Dr. Angelika Neumann und Prof. Dr. Kathrin Ripper.

Fachlich danke ich ganz herzlich den beiden Herausgeberinnen Prof. Dr. Eva Wunderer und Prof. Dr. Christiane Heigermoser. Sie haben auf eine sehr wertschätzende und kompetente Art die Herausgabe dieser Buchreihe organisiert und die Gestaltung des Buches kontinuierlich begleitet und hervorragende Rückmeldungen zur Weiterarbeit gegeben. Verschiedene Menschen haben mich auf meinem beruflichen Weg im Zusammenhang mit diesem Thema geprägt: Prof. Dr. Peter Schlottke, Prof. Dr. Martin Hautzinger, Prof. Dr. Jörg M. Fegert, Prof. Dr. Michael Kölch, Dr. Angelika Neumann. Vielen Dank. Und danken möchte ich Pauline Drexel, Johanna Müller und Irini Kistoglidou für eure engagierte Unterstützung bei der Literaturrecherche.

Ein aufrichtiger Dank gilt zuletzt all meinen Patient*innen und deren Eltern und Bezugspersonen, die ihre Erfahrungen mit mir teilen und vertrauensvoll mit mir zusammenarbeiten.

# 1. Einleitung

Jedes Kind trägt grundlegend das Potenzial in sich, sich bestmöglich zu entwickeln. Eine positiv erlebte Kindheit und Jugendzeit prägt Menschen in einer gesunden Entwicklung des Selbst und in funktionalen Bindungs-, Lern- und Bildungserfahrungen. Kinder und Jugendliche sind jedoch im Laufe ihrer Entwicklung auch mit Herausforderungen konfrontiert. Die Stressoren können vielfältig sein und von potenziell traumatisierenden Ereignissen (z. B. Misshandlungen) über kritische Lebensereignisse (z. B. Krankheit, Trennung der Eltern) bis hin zu sogenannten „Ärgernissen des Alltags" – „daily hassels" – (z. B. alltägliche Frustrationen, Konflikte in der Familie, Streit mit der Freundin) reichen.

Besonders belastend und pathogen wirksam, so weiß man heute, sind stressreiche Erlebnisse während sensibler Entwicklungsphasen in Kindheit und Jugend sowie chronischer Stress (z. B. Felitti et al., 2007). Die Entstehung psychischer Störungen wird dabei über epigenetische[1] und psychologische Prozesse vermittelt.

Kritische Lebenssituationen werden von einem Teil der Kinder und Jugendlichen jedoch angemessen bewältigt, manchmal wachsen sie sogar an diesen Erfahrungen und entwickeln wichtige Kompetenzen und Widerstandskräfte weiter. Diese Widerstandskräfte, die sich zu jedem Zeitpunkt in der Biographie eines Menschen entfalten können, nennt man Resilienz (z. B. Wustmann, 2004).

Wichtig für positive Entwicklungen sind alle Bindungserfahrungen innerhalb der Familie und die dort angesiedelten Lernchancen. Neben den Faktoren, die innerhalb einer Familie das Aufwachsen von Kindern und Jugendlichen begünstigen können, werden in diesem Buch auch andere für Kinder und Jugendliche relevante Lebensbereiche in den Blick genommen. Verschiedene Fachpersonen und -gruppen außerhalb der Familie sind daran beteiligt, dass frühe Lernprozesse in Kindertagesstätten günstig ausgestaltet werden. Bildungserfahrungen im Schul- und Ausbildungsbildungssystem wirken sich ebenfalls auf die Entwicklung von Individuen aus. Gleichzeitig können Bezugspersonen außerhalb des familiären Systems Bindungserfahrungen ersetzen und angemessene Lernerfahrungen ermöglichen, wenn die Voraussetzungen und Bedingungen für das Aufwachsen von Kindern innerhalb eines familiären Sys-

1 Die Epigenetik bezeichnet ein Teilgebiet der Biologie, das sich mit der erblichen genetischen Modifikation/Veränderung beschäftigt, die sich auf den Phänotyp/das Erscheinungsbild auswirkt, jedoch ohne Änderung der DNA-Sequenz.

tems nicht ideal, teilweise sogar dysfunktional sind. Um die Situation für Kinder und Jugendliche in Gefährdungssituationen zu verbessern und Bezugspersonen in der positiven Erziehung ihrer Kinder zu unterstützen, ist folglich eine nachhaltige Zusammenarbeit von Fachkräften aus dem Gesundheitswesen, der Kinder- und Jugendhilfe und dem Bildungssystem notwendig.

In dem vorliegenden Band werden psychologische Konzepte und Theorien zum gesunden Aufwachsen von Kindern und Jugendlichen (Kapitel 2), entwicklungspsychopathologische Dynamiken (Kapitel 3) und die Auswirkungen unterschiedlicher Gefährdungssituationen im familiären und im erweiterten sozialen Umfeld beleuchtet (Kapitel 4). Im Fokus stehen hierbei die Themen Misshandlung, Missbrauch, Vernachlässigung sowie Trennung und Scheidung als zentrale potenzielle Belastungen für Kinder im familiären Aufwachsen. Im sozialen Umfeld werden Gefährdungen durch Medien und durch dysfunktionale Beziehungen zu Peers (Mobbing bzw. Cybermobbing) dargestellt. Hilfreiche Ideen zu einer funktionalen Beziehungsgestaltung durch Fachpersonen im Umgang mit Kindern und Jugendlichen in Gefährdungssituationen werden beschrieben (Kapitel 5), sodass „Fallstricke“ bei der Unterstützung in Gefährdungssituationen reduziert werden können. Abschließend werden funktionale Handlungsstrategien zur Prävention und zur Intervention für die Praxis abgeleitet (Kapitel 6). Alle Inhalte werden praktisch anhand von Fallbeispielen illustriert.

# 2. Was gehört zu einem gesunden Aufwachsen von Kindern und Jugendlichen?

***Fallbeispiel***

Zu ihrem Leben und Aufwachsen befragt, berichtet die heute 19-jährige A.: „Ich bin die Älteste von drei Kindern (Bruder 14 Jahre, Schwester 17 Jahre) und bin bei meinen leiblichen Eltern aufgewachsen. Bei meiner Geburt hat mein Vater (49 Jahre) noch studiert und meine Mutter (53 Jahre), die eine Ausbildung abgeschlossen hat, hat damals schon gearbeitet. Mit meinem Vater habe ich viel Zeit als Kleinkind verbracht, ich fühle mich ihm auch heute noch sehr verbunden. Meine Geburt, so erzählte meine Mutter, sei ‚schön' gewesen. Ich bin wohl vom Temperament her ein eher zurückhaltendes und schüchternes, aber grundlegend ausgeglichenes Kind gewesen. Mein Temperament ist ähnlich wie das meines Vaters, meine Mutter hingegen ist sehr gesellig. Meine ersten eigenständigen Erinnerungen habe ich vom ersten Kindergarten. Wir sind oft in den Wald gegangen, das hat Spaß gemacht. Bis zum heutigen Alter sind wir fünf Mal umgezogen (Grund: Wohnung zu klein, auch habe sich die Mutter eher in der Stadt wohl gefühlt). Die Umzüge waren aber nicht stressreich, ich habe mich immer gefreut, ein neues Zimmer einrichten zu können und auch Anschluss an Gleichaltrige habe ich leicht gefunden. Meine schulischen Leistungen waren immer gut, vor einem Jahr habe ich dann das Abitur absolvieren können, seitdem mache ich ein Freiwilliges Soziales Jahr (FSJ) in der Kinderklinik. Eigentlich wollte ich ins Ausland gehen, aber das hat wegen der Einreisebeschränkungen aufgrund der Corona-Pandemie nicht geklappt. Das FSJ macht mir viel Freude, ich will selbst Medizin studieren und habe mich schon um einen Studienplatz beworben, aber bisher noch keinen bekommen. Da gerade aufgrund der Corona-Pandemie alles so ‚anders' ist (z. B. Online-Lehre beim Studium), finde ich es nicht schlimm, wenn ich noch auf einen Studienplatz warten muss. Vielleicht kann ich ja in der Übergangszeit nach Abschluss des FSJ in der Kinderklinik jobben. Seit ich 16 Jahre alt bin, bin ich mit einem gleichaltrigen Jungen zusammen, der früher in eine Schulklasse mit mir gegangen ist. Die Beziehung ist unterstützend, liebevoll und stärkend".

Am Ende des Gesprächs sagt A., sie merke bei sich, dass es ihr manchmal nicht so gut gehe. Sie sei oft „grundlos traurig", müsse weinen, wisse auch nicht so richtig, weshalb. Sie könne sich dann schon ablenken, höre Musik oder gehe spazieren, rufe ihren Freund oder eine ihrer beiden Freundinnen an, aber dennoch belaste sie das.

A. vertraut sich mit dieser Problematik der Sozialpädagogin Frau Th. an, die das Freiwillige Soziale Jahr betreut. Sie arbeiten heraus, dass A. bisher immer sehr angepasst war, sich nie pubertär aufgelehnt hat und jetzt in dieser Schwellensituation völlig angemessen emotional reagiert. Dies hilft ihr, über ihre Entscheidungen und Weichenstellungen für die Zukunft nachzudenken: Will sie wirklich Medizin studieren? Dies wäre mit einem hohen Lernaufwand und vermutlich einem hohen Leistungsdruck verbunden. A. und Frau Th. vereinbaren, dass A. zwei Assistenzärzt*innen genauer befragt, die sie durch ihre Arbeit in der Kinderklinik kennt. Sie wollen im nächsten Gespräch dann nochmals die positiven und die negativen Aspekte, die mit der Studienwahl verbunden sind, gegeneinander aufwiegen. Als Frau Th. A. fragt, wie denn die Eltern mit ihren Stimmungseinbrüchen umgehen, schildert A., dass sie sich kaum traue, dies zu Hause zu erwähnen. Ihre Eltern, zu denen sie grundsätzlich ein sehr gutes Verhältnis habe, könnten negative Gefühle der Kinder nur schwer aushalten. Mutter und Vater würden rasch sagen: „Aber es ist doch gar nichts Schlimmes, jetzt steigere dich nicht so rein!" Sie fühle sich dadurch stets „schuldig", überhaupt fühle sie sich immer verantwortlich für die Familie. Als Ursache für diese Problematik arbeiten Frau Th. und A. heraus, dass sie vermutlich durch die Brustkrebserkrankung der Mutter (A. sei damals neun Jahre alt gewesen) viel Verantwortung für die jüngeren Geschwister übernommen habe. Die Großmutter sei zwar als „Tagesmutter" in dieser Zeit verpflichtet gewesen, aber sie habe auch begonnen viel mitzuhelfen. Dafür wäre sie auch belohnt und gelobt worden. Vor allem habe man, wenn die Mutter da war, „immer so tun müssen, als sei alles okay". Die Mutter habe keine Traurigkeit oder Niedergeschlagenheit ertragen können. Und das wäre irgendwie so geblieben. In ihrer Familie gelte unbewusst die Haltung: „Der Tod wurde von der Mutter überstanden, was kann es Schlimmeres geben? Also nicht jammern wegen nichts!" Frau Th. bespricht mit A., dass dadurch der „normale Umgang mit normalen Gefühlsschwankungen" deutlich erschwert wird und sie vermutlich – ohne dies wahrzunehmen – viel emotionalen Druck erlebt. A. kann sich vorstellen, dies mit ihren Eltern zu besprechen.

Es wird deutlich, dass A. über genügend personale und soziale Ressourcen sowie Resilienzfaktoren verfügt, um kritische Lebensereignisse zu meistern. Ein „gesundes" Aufwachsen bedeutet nicht, dass Menschen zu keinem Zeitpunkt in ihrem Leben Phasen erleben, in denen sie – oft als Reaktion auf innere oder äußere Veränderungen und Belastungen – ängstlicher, trauriger oder wütender reagieren, als sie das normalerweise von sich kennen. Menschen, die sich gesund entwickeln, sind jedoch in der Lage, diese Phasen zu bewältigen. In diesem Kapitel geht es vor allem um die Bedingungen von gesundem Aufwachsen von Kindern und Jugendlichen. Im weiteren Verlauf der Ausführungen wird an verschiedenen Stellen Bezug auf das Fallbeispiel von A. genommen.

## 2.1 Wie vollzieht sich die Entwicklung? Grundlagen der Entwicklungspsychologie

Die Entwicklungspsychologie befasst sich im Allgemeinen mit intra- und interindividuellen Veränderungen und Kontinuitäten im gesamten Entwicklungsverlauf, das heißt von der Geburt bis zum Tod eines jeden Menschen (z. B. Oerter & Montada, 2008). Entwicklungsverläufe werden innerhalb dieser Disziplin erklärt und beschrieben, Entwicklungsbedingungen ermittelt, Entwicklungsziele definiert und auf der Grundlage dieses Wissens Entwicklungsprognosen erstellt.

Der individuelle Entwicklungsverlauf wird dabei von Wechselwirkungen zwischen biologischen, sozialen und individuell-psychologischen Faktoren bestimmt. Relevant dafür sind endogene oder innere Prozesse, Umwelteinflüsse, Prozesse der kulturellen Steuerung, aber auch die Eigensteuerung bzw. Selbstregulation des Individuums über die gesamte Lebensspanne. Zwei wesentliche Prozesse, die die Entwicklung beeinflussen und vorantreiben, werden angenommen:

- Die Reifung als eine permanente kognitive, emotionale und physische Veränderung aufgrund biologischer Alterungsprozesse, die „vorprogrammiert" ist.
- Das Lernen als eine permanente Veränderung im Denken, Fühlen oder Verhalten aufgrund von Erfahrungen, die nicht „vorprogrammiert" ist.

In einem kontextgebundenen, dynamischen Prozess der Passung entwickelt sich das (selbstaktive) Individuum über die Lebensspanne hinweg in unterschiedlichen Entwicklungsumwelten. Es wird angenommen, dass die Handlungen von Menschen vor allem darauf ausgerichtet sind, eine „Passung" zwischen diesen sich verändernden kontextuellen Bedingungen und individuellen Entwicklungs- und Handlungspotenzialen zu erreichen, um Konfliktspannungen und Asynchronien zu reduzieren oder deren Auftreten zu verhindern (Jonas et al., 2007).

## 2.2 Welche Entwicklungsphasen lassen sich unterscheiden?

Bei einer differenzierten Betrachtung von Entwicklungsprozessen und -verläufen werden üblicherweise folgende Entwicklungsphasen unterschieden:

- Schwangerschaft
- Frühe Kindheit (Säuglingszeit bis zum 12. Lebensmonat, Kleinkindalter vom 13. bis 36. Lebensmonat)

- Kindergarten und Vorschulalter (3 bis 5 Jahre)
- Grundschulalter (6 bis 10 Jahre)
- Adoleszenz (11 bis 18 Jahre)
- Junges Erwachsenenalter oder „Emerging Adulthood“ (18 bis 25 Jahre) (Arnett, 2000)
- Frühes Erwachsenenalter (26 bis 34 Jahre)
- Mittleres Erwachsenenalter (35 bis 65 Jahre)
- Höheres Erwachsenenalter (66 bis 80 Jahre)
- Hohes Erwachsenenalter (ab dem 80. Lebensjahr) (vgl. Lindenberger & Schaefer, 2008)

Während alle hier benannten Entwicklungsphasen klar nach dem jeweiligen Lebensalter unterteilt sind, ist die Festlegung des Jugendalters weniger eindeutig. Hierbei kommt es darauf an, welche Aspekte berücksichtigt werden: Oerter und Montada (2008) konzentrieren sich bei der Begrenzung des Jugendalters auf die biologische Phase der Entwicklung – die sogenannte Pubertät –, die vor allem zwischen dem 11. und dem 18. Lebensjahr stattfindet. In Dokumenten der World Health Organization (WHO) gelten hingegen 5- bis 9-Jährige als ältere Kinder und 10- bis 19-Jährige als Jugendliche. Unter juristischen Gesichtspunkten wäre eine Person mit 18 Jahren nicht mehr jugendlich, sondern „erwachsen“. Soziologische Definitionen erfolgen auf der Grundlage von gemeinsamen Merkmalen von sozialen Gruppen, weshalb unterschiedliche Altersgruppen zusammengefasst werden können. Unter soziologischen Gesichtspunkten könnte man beispielsweise eine Personengruppe betrachten, die sich mit jugendtypischen Bildungsfragen auseinandersetzt. Analog zu Oerter und Montada (2008) wird in dieser Veröffentlichung das Jugendalter im Zeitraum zwischen 11 und 18 Jahren festgelegt.

Eine weitere Besonderheit stellt das „junge Erwachsenenalter“ dar. Dieses wurde unter Verwendung des Begriffs „Emerging Adulthood“ nach Arnett (2000) auf den Altersbereich zwischen 18 und 25 Jahren festgelegt – eine Phase, in der viele tiefgreifende Veränderungen bezüglich der Schul- und Ausbildungssituation, des Wohn- und Lebensraums, der Beziehungsgestaltung zu anderen (z. B. Aufbau und Festigung von intimen Beziehungen, Erweiterung des Freundeskreises) stattfinden. Junge Erwachsene sind auch verstärkt gefordert, ihren Alltag selbstständig zu bewältigen und Verantwortung für sich und die Gesellschaft zu übernehmen. Sie haben die Adoleszenz (mit all ihren Abhängigkeiten) bereits verlassen, haben jedoch noch nicht eine volle erwachsene Verantwortungsrolle inne (McGorry & Purcell, 2009). Die Pubertät ist in diesem Lebensabschnitt zum Großteil abgeschlossen. Die Persönlichkeitsentwicklung und Gehirnentwicklung vom kindlichen Gehirn zum leistungsfähigen, effizienten Erwachsenengehirn – so weiß man heute – sind jedoch noch voll im Gange. Durch diese Darstellung der Phase des „Emerging Adulthood“ soll verdeutlicht werden, dass Entwicklung über den Lebenslauf hinweg kontinuierlich verläuft und in den unterschiedlichen Lebensphasen ineinander übergeht.

## 2.3 Wie entwickeln sich bestimmte Kompetenzbereiche?

In den in Tabelle 1 dargestellten Kompetenzbereichen finden in jedem Entwicklungsalter Prozesse der Weiterentwicklung statt.

| Kompetenzbereich | Was wird genau entwickelt? |
|---|---|
| Entwicklung des Selbst | • Innerseelische Struktur (Selbst)<br>• Zunehmende Bildung eines gegliederten, kohärenten Systems von kognitiv-emotionalen Schemata |
| Entwicklung von Bindung | • Erfahren einer sicheren Bindung<br>• Aufbau von entsprechenden Bindungsrepräsentationen (innere Abbilder von Bindungserfahrungen) |
| Aktive Gestaltung von Beziehungen | • Aufbau, Festigung, aber auch Beendigung sozialer Beziehungen/Netzwerke |
| Wahrnehmung und Regulation von Emotionen | • Auf- und Ausbau von physiologischen und affektiven Regulationsfertigkeiten |
| Entwicklung sozialer Kompetenzen | • Auf- und Ausbau von Perspektivenübernahme und sozialer Fertigkeiten in Interaktionen |
| Stärkung der Selbstwirksamkeit | • Verstärktes Erleben, dass Handlungen zu einer erwünschten Wirkung führen, dadurch Erleben von Kontrolle |
| Stärkung des Problemlösens | • Aufbau und Differenzierung von Denk- und Problemlösekompetenzen |
| Sicherung und Stärkung des Selbstvertrauens | • Bildet sich im Zusammenhang mit dem Selbstwirksamkeitserleben und der emotionalen und kognitiven Bewertung von Erfahrungen |
| Entwicklung und Modifikation von Lebenszielen und -sinn | • Altersübergreifende Aufgabe gewinnt ab der Adoleszenz eine hohe Bedeutung und ist Voraussetzung für seelische Gesundheit nach Antonovsky (1997), da dadurch Kohärenzsinn entsteht<br>• Lebensziele und -sinn stehen im Zusammenhang mit der Identitätsentwicklung (Fuhrer & Trautner, 2005) |

Tabelle 1: Entwicklung von Kompetenzbereichen über die Lebensspanne

Deutlich wird in Tabelle 1, dass die Entwicklung der Kompetenzbereiche sehr differenziert betrachtet werden kann, aber nicht alle Entwicklungen in allen Kompetenzbereichen laufen zeitgleich ab. Weiterentwicklungen sind „nach außen" bei Kindern und Jugendlichen teilweise zunächst mit dem Gefühl einer

„Verschlechterung“ verbunden. Wenn Kinder zum Beispiel immer stärker ihren eigenen Willen bzw. ihre eigene Entscheidungsfähigkeit ausbilden, verhalten sie sich Eltern/Bezugspersonen gegenüber teilweise trotzig, manchmal sogar aggressiv, da sich zwar der Wille immer stärker formt, aber die Fähigkeit, dies auch sprachlich und sozial angemessen auszudrücken, noch wenig gefestigt ist.

## 2.4 Was begünstigt eine positive Entwicklung?

Die in Tabelle 1 veranschaulichten personalen Kompetenzbereiche werden in unterschiedlicher Ausprägung in verschiedenen Entwicklungsabschnitten weiterentwickelt. Dies hängt natürlich von den kognitiven, motorischen, emotionalen und sozialen Voraussetzungen der Entwicklungsabschnitte ab. Im Entwicklungsaufgaben-Modell (Havighurst, 1972) wird angenommen, dass jeder Mensch im Laufe seines Lebens in bestimmten Lebensabschnitten je spezifische Entwicklungsaufgaben zu bewältigen hat. Diese können entweder normativer Art (z. B. Gehen-Lernen, Aufbau von Freundschaften, Sexualität, Einfinden in den Berufsalltag, Auseinandersetzung mit der Elternrolle, Umgang mit der Freizeit in der Rente) oder nicht-normativer Natur (z. B. Bewältigung kritischer Lebensereignisse oder alltäglicher Probleme) sein. In Abhängigkeit von der subjektiven Wahrnehmung der Anforderungen und den zur Verfügung stehenden sozialen und personalen Ressourcen werden diese Entwicklungsaufgaben entweder inadäquat oder erfolgreich gemeistert, was zu einer Stärkung des Selbstbewusstseins, von Fertigkeiten und Selbstwirksamkeit führt. Fehlentwicklungen können, vor allem in einer Sequenz, zu längerfristigen psychischen Problemen führen. Als günstige Faktoren haben sich, neben den personalen Kompetenzen auf der biologischen Ebene, zum Beispiel ein ausgeglichenes und gut reguliertes Temperament und eine normale bzw. mindestens durchschnittliche Intelligenz gezeigt. Sozial günstige Faktoren für eine positive Entwicklung sind unterstützende soziale Beziehungen, familiärer Zusammenhalt, sichere Bindung zu nahen Bezugspersonen, autoritativer Erziehungsstil (vgl. Baumrind, 1971) und ein positives schulisches bzw. berufliches Klima.

***Anregungen zur Selbstreflexion***

- In welcher Lebensphase befinden Sie sich im Moment? Welche Entwicklungsaufgaben müssen Sie bewältigen?
- Bitte überlegen Sie, ob Sie in bestimmten Entwicklungsphasen Schwierigkeiten hatten? Wenn ja, weshalb? Wie würden Sie Ihre sozialen und personalen Ressourcen damals einschätzen? Wie erleben Sie diese heute?

## 2.5 Welche Bedeutung haben Grundbedürfnisse für die Entwicklung?

Ein wichtiger Motivator in der kindlichen Entwicklung und auch im späteren menschlichen Leben ist die Erfüllung bzw. die Nicht-Erfüllung der zentralen Grundbedürfnisse. In der psychologischen Forschung existieren unterschiedliche Konzepte der Bedürfnisse von Menschen. Die nachfolgend dargestellten Grundbedürfnisse in der kindlichen Entwicklung orientieren sich an Loose, Graaf & Zarbock (2013, S. 20f.), die sich wiederum an Grawe (2004) und Epstein (1990) sowie Young und Klosko (2007) anlehnen.

Menschen haben das Bedürfnis nach …

- *Bindung* (Bindungssicherheit und Bindungsvertrauen): Geborgenheit/Verlässlichkeit, Vertrauen/Unterstützung, emotionale Zuwendung, Selbstwertgefühl/Stolz, soziale Integration.
- *Autonomie und Selbstwirksamkeit* (flexibler Wechsel zwischen Rückbindung an die Herkunftsfamilie und eigener Gestaltung des Lebensweges): Selbstvertrauen/Kompetenzerleben, Gesundheit/Sicherheit, gesunde Grenzen/entwickeltes Selbst, Selbsteffizienz/Erfolg.
- *Identität, Struktur, Grenzen und Konsistenzerleben* (Balance zwischen Geben und Nehmen, zwischen Zurückstehen und Fordern): Respekt für andere/empathische Rücksicht auf fremde Bedürfnisse, gesunde Selbstkontrolle/Selbstdisziplin.
- *Lust, Spiel, Spaß und Spontanität* (freies Wahrnehmen und angemessenes Ausdrücken von Empfindungen, Impulsen): Emotionale Offenheit/Spontanität, realistische Erwartungen, Optimismus/positives Hervorheben, Selbstmitgefühl/Vergebung.
- *Selbstwerterhöhung und Anerkennung* (Kompromissbereitschaft, Aushalten von Ambivalenzen, Fähigkeit zum Perspektivenwechsel): Durchsetzungskraft, Selbstinteresse/Selbstfürsorge, Selbstbestimmung/Selbstsicherheit.

Wenn Bezugspersonen konsistent und feinfühlig – in Abhängigkeit vom Entwicklungsalter – diese psychischen Grundbedürfnisse in einer liebevollen, wertschätzenden, achtsamen Grundhaltung der*dem Interaktionspartner*in gegenüber erfüllen, können die Kinder und Jugendlichen überdauernde, positive Konzepte oder Schemata von sich selbst und anderen bzw. der Welt und der Zukunft entwickeln. Nach der Schematherapie (vgl. Loose, Graaf & Zarbock, 2013) handelt es sich bei Schemata um ein Konglomerat aus Erinnerungen, Kognitionen, Emotionen und Körperreaktionen, die ein Lernergebnis emotionsintensiver psychosozialer Schlüsselsituationen mit relevanten Bezugspersonen sind. In der Interaktion ist es dabei wichtig, dass die Bezugspersonen einem Kind (vgl. Brüderl, 2020) …

- angemessen Grenzen vermitteln,
- es anleiten, unterstützen und ermutigen,
- ihm helfen, entwicklungsangemessene Anforderungen zu bewältigen und
- als Modell fungieren.

Wenn im familiären System die Erfüllung der oben genannten Grundbedürfnisse nicht angemessen erfolgt, so können kompensatorische Beziehungen (z. B. zu Fürsorgepersonen aus dem erweiterten Freundeskreis, Freund*innen, Pädagog*innen, Nachbar*innen, Familienhelfer*innen) ausgleichend wirken. Für die Qualität einer solchen Beziehung sind folgende Merkmale relevant (Rönnau-Böse & Fröhlich-Gildhoff, 2021, S. 18). Die Beziehung …

- ist konstant verfügbar,
- vermittelt ein Gefühl von Sicherheit, es wird feinfühlig auf Bedürfnisse eingegangen,
- ist wertschätzend, Vertrauen und Unterstützung werden angeboten,
- stärkt den Selbstwert und das Selbstvertrauen,
- vermittelt eine optimistische Grundhaltung,
- stellt herausfordernde, aber bewältigbare Anforderungen,
- bietet passgenaue Unterstützung an und
- ermutigt, Erfolgsrückmeldungen werden gegeben.

***Anregungen zur Selbstreflexion***

- Welche Bezugspersonen haben Sie in Ihrem Aufwachsen geprägt?
- Wie wurden Ihre Bedürfnisse durch diese Bezugsperson(en) befriedigt?
- Wie hat sich das auf Ihre Entwicklung ausgewirkt? Welche Fertigkeiten konnten Sie lernen? Welche Einstellungen und welche emotionalen Reaktionen haben sich entwickelt?
- Gab es wichtige Bezugspersonen aus dem erweiterten sozialen Umfeld?

***Praxistipp***

Es ist sinnvoll, in der Zusammenarbeit mit Kindern und Jugendlichen immer wieder zu reflektieren, inwieweit die zentralen Grundbedürfnisse in Ihrer Interaktion mit dem Kind oder dem*der Jugendlichen befriedigt werden. Darüber hinaus sollte man immer wieder prüfen, ob die relevanten Merkmale zur Gestaltung einer wichtigen Beziehung eingehalten werden bzw. an welchen Stellen sie ggf. nur teilweise erfüllt werden können.

## 2.6 Wie entwickelt sich Resilienz?

Eine positive Entwicklung kann auch gefördert werden, wenn die Resilienz von Kindern gestärkt wird. Das Wort „Resilienz" stammt vom Lateinischen „resilire" (zu Deutsch: abprallen, zurückspringen) ab. Unter Resilienz versteht man die psychische Widerstandsfähigkeit gegenüber biologischen, psychologischen und psychosozialen Entwicklungsrisiken (Fröhlich-Gildhoff & Rönnau-Böse, 2019, angelehnt an Wustmann, 2004). Resilienz umfasst folglich die Fähigkeit von Menschen, Krisen im Lebenszyklus unter Rückgriff auf persönliche und sozial vermittelte Ressourcen zu meistern und als Anlass für die Entwicklung zu nutzen (Welter-Enderlin & Hildenbrand, 2006).

Resilienz kann verstanden werden (vgl. Kalisch, Müller & Tüscher, 2015) als …

- *(Stress-)Resistenz* gegenüber einem Stressor, das heißt es werden keine Stressreaktionen gezeigt.
- *Schnelle Regeneration,* das heißt es wird eine kurzfristige Belastung gezeigt, aber es erfolgt eine schnelle Rückkehr in den Alltag.
- *Rekonfiguration,* das heißt Anpassungsfähigkeit von Verhaltensweisen und sozialen Kognitionen nach einem (meistens) traumatischen Ereignis.
- *Nachhaltigkeit,* das heißt, dass Menschen trotz belastender Lebensumstände ihre Lebensfreude und -zufriedenheit und das Festhalten an Lebenszielen und -sinn nicht verlieren.

Bei Resilienz handelt es sich um einen dynamischen Anpassungs- und Entwicklungsprozess, einen Interaktionsprozess zwischen Individuum und Umwelt (Lösel & Bender, 2008; Rönnau-Böse & Fröhlich-Gildhoff, 2020), der abhängig von Erfahrungen und bewältigten Ereignissen ist. Resilienz ist dabei eine variable Größe, das heißt sie entwickelt und verändert sich im Laufe eines Lebens – Entwicklungen sind in jedem Lebensabschnitt möglich. Sie ist außerdem situationsspezifisch und multidimensional. Resilienz zeigt sich „bereichsspezifisch". Die Fähigkeit, belastende Lebenssituationen zu bewältigen, kann von Bereich zu Bereich variieren.

Auf Basis der Analyse der aktuellen Studienlage zur Erforschung der Resilienz, in die 19 Längsschnittstudien in den USA, Europa, Australien und Neuseeland, Reviews und Überblicksarbeiten eingingen, konnten sechs Kompetenzen auf personaler Ebene extrahiert werden, die Resilienz ausmachen (vgl. Rönnau-Böse, 2013; Rönnau-Böse & Fröhlich-Gildhoff, 2014):

- *Selbst- und Fremdwahrnehmung:* Angemessene Selbsteinschätzung und Informationsverarbeitung.
- *Selbststeuerung:* Angemessene Regulation von Gefühlen.

- *Selbstwirksamkeit:* Überzeugung, Anforderungen bewältigen zu können.
- *Soziale Kompetenz:* Unterstützung holen, Selbstbehauptung, Konflikte lösen.
- *Aktive Bewältigungskompetenz:* Fähigkeit zur Realisierung vorhandener Kompetenzen in der Situation.
- *Probleme lösen:* Allgemeine Strategien zur Analyse und das Bearbeiten von Problemen.

Resilienz entwickelt sich, wenn Individuen es schaffen, auch in schwierigen Situationen, Lebenskrisen, stressreichen Lebensereignissen oder bei der Bewältigung von traumatischen Ereignissen soziale Kontakte aufzubauen und ein soziales Unterstützungsnetz zu etablieren sowie Krisen nicht als unüberwindbar zu betrachten, Veränderungen zu akzeptieren, sich auf eigene Ziele hinzubewegen, sich schwierigen Situationen aktiv zu stellen, sich in Krisen selbst besser kennenzulernen, ein positives Selbstbild zu pflegen, Dinge auf lange Sicht zu betrachten, optimistisch zu bleiben, Selbst-Achtsamkeit und Selbstfürsorge zu pflegen.

***Praxistipp***

In den ersten Kontakten bei der Zusammenarbeit mit Kindern und Jugendlichen sollten die Kompetenzbereiche der Resilienz reflektiert werden, um genauer einschätzen zu können, wie resilient das Kind bzw. der*die Jugendliche aktuell ist und welche Fertigkeiten noch gefördert werden sollten.

## 2.7 Wie können Fachpersonen eine positive Entwicklung fördern?

***Rückbezug zum Fallbeispiel***

In dem zu Anfang geschilderten Fallbeispiel von A. wird deutlich, dass sie sich trotz erfolgter stressreicher Lebensereignisse in der Biographie (z. B. Umzüge, Erkrankung der Mutter) grundsätzlich positiv und gesund entwickelt hat. Wichtig hierfür waren sicherlich die günstigen personalen und sozialen Ressourcen (z. B. ausgeglichenes Temperament, Intelligenz, Freundeskreis, wertschätzender Erziehungsstil, sichere Bindung zu den Eltern). A. hat im Sinne der geschilderten Resilienz kritische Lebensereignisse bewältigt, Kompetenzen weiterentwickelt (z. B. Selbstständigkeit, Verantwortungsübernahme, Selbstwirksamkeit) und relevante Entwicklungsaufgaben bisher gemeistert. Sie nimmt nun in einer Schwellensituation adäquat wahr, dass es ihr nicht gut geht und ihre Ressourcen aktuell nicht ausreichen, um diese Situation zu bewältigen und holt sich deshalb fachliche Unterstützung.

***Praxistipp***

Für im sozialen Bereich tätige Fachpersonen ist es in solchen Situationen zunächst sehr wichtig einzuschätzen, inwieweit Kinder bzw. Jugendliche ihre Kompetenzbereiche entwickelt haben.

Folgende Liste kann helfen, die Kennzeichen für gesundes Erwachsenwerden (ergänzt, auf der Basis von Elkind, 1978) praktisch in Abhängigkeit vom Entwicklungsalter einzuschätzen:

- Kann das Kind (bzw. der*die Jugendliche) altersangemessen Entscheidungen treffen und Verantwortung tragen?
- Kann es auf sinnvolle Weise altersangemessen mit seiner freien Zeit umgehen?
- Wählt es Freizeitbeschäftigungen/eine Stelle/ein Studium/eine Ausbildung, die zu ihm passen?
- Kann es angemessen Leistung erbringen und Alltagsaufgaben bewältigen?
- Kann es altersangemessen Probleme lösen?
- Kann es altersangemessen Bedürfnisse/Gefühle wahrnehmen, ausdrücken und regulieren?
- Achtet es altersangemessen auf seine Gesundheit und auf sein Äußeres?
- Kann es altersangemessen Freundschaften pflegen und auf andere Rücksicht nehmen?
- Kann es altersangemessen Freundschaftsbeziehungen und später Paarbeziehungen gestalten?
- Ist es sich der Regeln bewusst, an die es sich halten muss?

## 2.8 Zusammenfassung

In Kapitel 2 wurde dargestellt, dass sich die Entwicklungspsychologie mit intra- und interindividuellen Veränderungen und Kontinuitäten im gesamten Entwicklungsverlauf befasst. Als zentrale Prozesse für die Entwicklung wurden die Reifung (biologischer Alterungsprozess) und das Lernen dargestellt, die – auf der Basis von genetischen und biologischen Grundlagen – dazu führen, dass sich Menschen in ihrem jeweiligen Entwicklungsalter in folgenden Kompetenzbereichen weiterentwickeln:

- die Entwicklung des Selbst,
- die Bindung,
- die aktive Gestaltung von Beziehungen,
- die Wahrnehmung und Regulation von Emotionen,
- die Entwicklung sozialer Kompetenzen,
- die Stärkung der Selbstwirksamkeit,

- die Stärkung des Problemlösens,
- die Sicherung und Stärkung des Selbstvertrauens und
- die Entwicklung und Modifikation von Lebenszielen und -sinn

Wichtig für ein gesundes Aufwachsen sind außer den günstigen biologischen Voraussetzungen die Erfahrungen, die Kinder und Jugendliche in ihrer Umgebung machen. Von Anfang an sind die Bindungs- und Lernerfahrungen im familiären Rahmen mit den Hauptbezugspersonen entscheidend. Je älter Kinder werden, desto mehr verbringen sie Zeit außerhalb der Familie – Gleichaltrige, Sozialisationsbedingungen und Gegebenheiten in Schule bzw. Ausbildung werden prägender. Die Befriedigung der zentralen psychologischen Grundbedürfnisse (Bedürfnis nach Bindung, Autonomie und Selbstwirksamkeit, Identität, Struktur/Grenzen und Lust/Spontanität/Spiel) in unterschiedlichen Lebensbereichen schafft ein Konglomerat an Erfahrungen, Erinnerungen, Gedanken, körperlichen Reaktionen, die die Wahrnehmung des Selbst, der Welt und der Anderen steuern. Fachpersonen – so wurde bei der Entwicklung der Resilienz (Widerstandsfähigkeit) verdeutlicht – können kompensatorische Beziehungen übernehmen und somit die Widerstandsfähigkeit von Kindern und Jugendlichen stützen, ihnen helfen, relevante Kompetenzen weiterzuentwickeln, um „stark" zu sein für alle Herausforderungen des Alltags. Fachpersonen können dazu ressourcenzentrierte Strategien nutzen, indem sie versuchen, die Wirksamkeit der positiven Faktoren zu erhöhen (Stärkung des Selbstwerts). Prozessorientierte Strategien beinhalten Beziehungsaufbau und -vertiefung (soziale Kompetenz, Selbst- und Fremdwahrnehmung), Bewältigungs- und Motivationsmaßnahmen (adaptive Bewältigungs- und Problemlösefähigkeit, Selbstwirksamkeit) sowie die Bildung eines selbstregulativen Systems im Umgang mit Erregung, Emotionen und Verhalten (Selbststeuerung) (Röper, von Hagen & Noam, 2001; Wustmann, 2015).

# 3. Wie lassen sich abweichende Entwicklungsverläufe beschreiben und erklären?

***Fallbeispiel***

Die 19-jährige A. im Fallbeispiel aus dem vorhergehenden Kapitel berichtet der Sozialpädagogin Frau Th. bei weiteren Gesprächen, dass sie sich auch sehr stark mit dem Thema „Essen" beschäftige. Sie versuche, morgens nicht zu essen und die Zeit bis zum nächsten Essen „rauszuziehen". Hungergefühl gebe ihr ein gutes Gefühl. Manchmal werde es ihr dann aber, wenn sie esse, richtig schlecht danach. Sie wiege sich nicht mehr, da die Mutter die Waage versteckt habe, sonst habe sie das aber mindestens drei Mal am Tag getan. Vermutlich habe sie abgenommen, ihre Hosen seien sehr „weit".

Im vorausgehenden Kapitel wurde die „gesunde" Entwicklung von Kindern und Jugendlichen beleuchtet. In diesem Kapitel soll dargestellt werden, welche Faktoren und Dynamiken dazu führen können, dass sich Verhaltensauffälligkeiten entwickeln.

## 3.1 Was versteht man unter „auffälligen/kritischen" Verhaltensweisen bei Kindern und Jugendlichen?

Die Entwicklungspsychopathologie beschäftigt sich mit den Ursachen und dem Verlauf individueller Muster fehlangepassten Verhaltens. Das Ziel ist es, risikoerhöhende und -mildernde Bedingungen aufzudecken, Ursachen für Resilienz (Widerstandsfähigkeit) und Vulnerabilität (Anfälligkeit) zu erforschen und Wissen darüber zu erhalten, über welche Prozesse solche Bedingungen wirken. Dies trägt dazu bei, frühzeitig Prädiktoren für abweichende Verhaltensweisen und Prozesse zu erkennen. Die Entwicklungspsychopathologie bedient sich eines interdisziplinären Ansatzes (biologisch, behavioral, soziologisch, psychodynamisch, kognitiv). Psychopathologische Symptome sind dabei nicht schlechthin Krankheitszeichen, sondern werden zunächst als aktuelle Probleme im Anpassungsprozess an neue Umstände verstanden. Misslingt eine solche Anpassung, kann dies zu psychischen Störungen führen.

Genauso vielfältig wie Menschen in ihrer Einzigartigkeit sind, sind die Verhaltensweisen und Erlebensmuster, die sie zeigen. Um Kinder und Jugendliche sinnvoll fördern und unterstützen zu können, ist es für Fachpersonen wichtig, valide zu unterscheiden, ob sich Verhaltens- und Erlebensweisen im Bereich der gesunden, unauffälligen oder „normalen“ Entwicklung bewegen oder als „auffällig“ im Sinne von kritisch für die Entwicklung zu bezeichnen sind.

Verhalten an sich ist stets als dimensional anzusehen, alle Verhaltensweisen können mehr oder weniger ausgeprägt gezeigt werden (z. B. „wenig essen“, „viel essen“, „sehr viel essen“). In Tabelle 2 werden Verhaltensweisen von Jugendlichen exemplarisch in „normal“ oder „kritisch“ eingeteilt.

| „normal“ | „krisenhaft“ |
|---|---|
| • Gelegentliche Experimente mit Drogen | • regelmässiger Gebrauch/Missbrauch von Drogen<br>• Bedeutung für Identität/Emotionsregulation |
| • Sexuelle Experimente mit Peers<br>• Schüchternheit/Unsicherheit | • Promiskuitive sexuelle Beziehungen<br>• Mangel an Beziehungen |
| • Geringe Fluktuation von Interessen | • Schulverweigerung<br>• Keine Interessen mehr |
| • Auseinandersetzungen über Musik etc.<br>• Eltern durch überzogenes Verhalten provozieren | • Eltern hassen<br>• Basale gesellschaftliche Werte bekämpfen<br>• Ungeordnetes Denken<br>• Suizidgedanken |
| • Unzufriedenheit<br>• Langeweile | • Angst<br>• Unfähigkeit, das Leben zu genießen<br>• Depressiv |

Tabelle 2: „Normales“ vs. „kritisches“ Verhalten bei Jugendlichen (Streeck-Fischer, Fegert & Freyberger, 2009)

Welche Kriterien werden für diese Beurteilung angelegt? Hilfreich für eine solche Klassifizierung ist es, die psychiatrisch-psychotherapeutischen Kriterien für ein auffälliges/krankheitswertiges Verhalten als Basis zur Beurteilung von Verhalten zu nehmen. Verhaltensweisen werden hierbei als krankheitswertig verstanden, wenn sie …

- vom statistischen Durchschnitt der Altersgruppe/Bezugsnorm abweichen,
- Leidensdruck (bei sich und/oder anderen) erzeugen,
- dazu führen, dass Entwicklungsziele nicht altersentsprechend erreicht werden können,
- überdauernd (über einen längeren Zeitraum) gezeigt werden,
- der Situation nicht angemessen sind,
- vom durchschnittlichen Entwicklungsstand abweichen und
- in der Kultur, in der sie auftreten, unangemessen sind.

Um eine solche Beurteilung vornehmen zu können, müssen differenziert, über verschiedene Lebensbereiche und Zeiträume hinweg, Informationen über das Kind bzw. den*die Jugendliche*n gesammelt werden. Darüber hinaus ist es wesentlich, das Verhalten auch immer in Bezug zum spezifischen Entwicklungsalter zu stellen. Manche Verhaltensweisen können zum Beispiel für ein Kind ungewöhnlich oder sogar krankheitswertig sein (z. B. wenn ein Kind sehr oft Langeweile hat oder nur schwierig zu gemeinsamen Aktivitäten mit den Eltern motiviert werden kann), für Jugendliche jedoch aufgrund des Entwicklungsalters als „normal" angesehen werden.

***Praxistipp***

Die oben genannten Kriterien können helfen zu entscheiden, ob Handlungsbedarf bei einem Kind bzw. einem*einer Jugendlichen besteht. Sehr wichtig ist es dabei, sich genügend Zeit zu nehmen, um zu überlegen, welche Fertigkeiten Kinder und Jugendliche in ihrem Entwicklungsalter bereits können sollten und in welchen spezifischen Veränderungsprozessen sie gerade stecken. Manchmal machen sich Eltern bzw. Bezugspersonen Sorgen, weil ihnen bei ihrem Kind Veränderungen auffallen, die so wirken, als würden Kinder und Jugendliche Rückschritte in ihrer Entwicklung machen. Betrachtet man jedoch die in der speziellen Phase entstandenen entwicklungstypischen biologischen Veränderungen, so würde man das Verhalten als „normal" einordnen. Dennoch benötigen Kinder und Jugendliche in diesen Phasen eine Unterstützung zur Bewältigung der Situation.

Dies kann am Beispiel der Ängste verdeutlicht werden: Auch Kinder, die eigentlich nicht durch Ängste auffallen, entwickeln im Alter von acht bis zehn Jahren manchmal Ängste vor Naturkatastrophen, Kriegen, Krankheiten, dem Tod. Weshalb? In diesem Entwicklungsalter ist es Kindern durch die kognitive Reifung möglich, Informationen zum Geschehen in ihrem Umfeld oder auf der Welt (z. B. durch Nachrichten) genauer wahrzunehmen und deren Bedeutung zu verstehen. So verfügen Kinder ab diesem Alter zum Beispiel erst über ein Todeskonzept, in das die Unendlichkeit des Todes integriert ist. Gleichzeitig können sie aber die Wahrscheinlichkeiten für das Auftreten oder die Konsequenzen noch nicht ausreichend abschätzen. Eltern erleben in diesem Entwicklungsalter gehäuft, dass Kinder schlecht einschlafen, sich sorgen, ängstlich sind. Hier ist es nun wichtig, den Eltern/Bezugspersonen zu vermitteln, dass diese Veränderungen verdeutlichen, dass das Kind kognitiv reift. Eltern und Bezugspersonen sollten ihren Kindern gezielt dabei helfen, Informationen aus der Umgebung zu verstehen und diese einzuordnen. Sie sollten ihnen Zuwendung geben, damit sie sich beruhigen können. Die Risiken, vor denen das Kind Angst hat, sollten nicht negiert, sondern ehrlich besprochen werden (z. B. „Natürlich können Häuser brennen. Du hast das von dem Haus in der Stadt XY gehört, nicht? Deshalb achten wir auch darauf, dass wir Kerzen ausmachen, den Herd nicht anlassen usw. Das sind sinnvolle

Sicherheitsmaßnahmen. Wir haben Feuermelder. Wenn etwas passieren würde, käme rasch die Feuerwehr. Obwohl ein Brand entstehen kann, ist es aber selten."). Das Kind lernt dadurch Risiken einzuschätzen und mit den normalen Risiken des Lebens zu leben.

Während in der medizinisch-psychiatrisch-psychotherapeutischen Praxis im ausführlichen multidimensionalen diagnostischen Prozess Diagnosen basierend auf den psychiatrischen Klassifikationssystemen „International Classification of Diseases" (derzeit 10. Edition: ICD-10; 11. Edition ab 2022: ICD-11) und dem „Diagnostic and Statistical Manual of Mental Disorders" (derzeit 5. Edition: DSM-5, APA, 2018) vergeben werden, ist eine solche störungsorientierte Einteilung für andere im psychosozialen Bereich tätige Fachpersonen nicht notwendig und wird in der Praxis auch nicht vorgenommen. Dennoch können die dort dargestellten Kriterien helfen, kritische Verhaltens- und Erlebensmuster von Kindern und Jugendlichen zu identifizieren, um Hilfen und Unterstützungsmöglichkeiten, eventuell auch eine ausführliche kinder- und jugendpsychiatrische bzw. -psychotherapeutische Abklärung anzubahnen.

## 3.2 Was beeinflusst die Entwicklung von Verhaltensauffälligkeiten?

Wie aber entstehen auffällige und abweichende Verhaltensweisen bei Kindern und Jugendlichen? Zur Beantwortung dieser Frage sollen verschiedene entwicklungspsychologische Konzepte angesehen werden.

### 3.2.1 Risiko- und Schutzfaktoren

In Kapitel 2 wurden Faktoren beschrieben, die eine günstige und gesunde Entwicklung von Kindern und Jugendlichen unterstützen. Dazu gehören biologische Ressourcen (z. B. eine mindestens durchschnittliche Intelligenz oder ein einfaches, ausgeglichenes Temperament), soziale (z. B. unterstützendes familiäres Klima/Zusammenhalt, positive Freundschaftsbeziehungen) und personale Ressourcen (z. B. angemessene Problemlösungsstrategien, eine angemessene Emotionsregulation) (genauer siehe Kapitel 2, S. 18 ff.). Diese Ressourcen werden auch als Schutzfaktoren für die Entwicklung bezeichnet. Demgegenüber stehen Risikofaktoren, die in unterschiedlicher Ausprägung bei Kindern und Jugendlichen vorliegen können. Schutzfaktoren können die Wirkung von Risikofaktoren abmildern.

Folgende Gruppen an Risikofaktoren können unterschieden werden:

- *Biologische Risikofaktoren:* Zum Beispiel genetische Disposition, schwieriges Temperament, frühe körperliche Reifung.
- *Soziale Risikofaktoren:* Zum Beispiel ACEs („Adverse Childhood Experiences", vgl. Kapitel 3.3, S. 34ff.), kritische Lebensereignisse, chronische Belastungen, konfliktreiche familiäre Beziehungen, wenig soziale Unterstützung, konfliktreiche Peer-Beziehungen, ungünstiges schulisches/berufliches Umfeld, psychische oder chronische Erkrankung eines Elternteils, finanzielle Probleme.
- *Psychische Risikofaktoren:* Zum Beispiel geringes Selbstwertgefühl, geringe Problemlösefertigkeiten, unzureichende Bewältigungsstrategien, dysfunktionale Kognitionen und Kognitionsmuster, dysfunktionale Emotionsregulationsstrategien.

Die Risiko- und Schutzfaktoren können im Entwicklungsverlauf zu unterschiedlichen Zeitpunkten wirksam werden:

- *Pränatal* (z.B. erhöhtes Stresserleben der Mutter in der Schwangerschaft, Nikotin- oder Alkoholkonsum in der Schwangerschaft)
- *Perinatal* (z.B. Geburtskomplikationen)
- *Postnatal* (z.B. familiäre Konflikte, soziale Schwierigkeiten)

Die Risiko- und Schutzfaktoren können entweder die Entstehung bzw. Aufrechterhaltung einer psychischen Problematik bzw. auffälligen Verhaltensweise oder auch den Rückfall in diese erklären.

Viele der genannten Risikofaktoren können als potenzielle Mediatoren angesehen werden, das heißt, dass sie die Entwicklungsergebnisse kausal beeinflussen. Schutzfaktoren können hingegen zumeist als Moderatorvariablen eingeteilt werden. Von ihrem Vorhandensein hängt es ab, inwieweit ein Risikofaktor eine ungünstige Auswirkung haben kann. In unserem Fallbeispiel von A. kann dieser Zusammenhang folgendermaßen veranschaulicht werden: Bei A. können als Risikofaktoren in ihrer Biographie die vielen Umzüge (dadurch Entwurzelung, Notwendigkeit, immer wieder neue Freundschaften zu finden) genannt werden. Die mögliche dysfunktionale Auswirkung wird moderiert durch ihr ausgeglichenes Temperament, die positiven Beziehungen zu den Eltern und ihre sozialen Kompetenzen. Ihr ist es immer wieder gelungen, neue Freundschaften zu finden. Die Auswirkungen eines Risikofaktors werden somit durch verschiedene Schutzfaktoren moderiert. A. bewältigt diese Situationen positiv, gewinnt sogar Stärke daraus (z.B. Stärkung der Selbstwirksamkeit in Bezug auf Sozialkontakte) und kann folglich ihre Resilienz ausbauen.

Entwicklungsrisiken in verschiedenen Lebens- und Entwicklungsabschnitten sind oft nicht unabhängig voneinander wirksam. Ein Entwicklungsrisiko in einem bestimmten Lebensalter kann die Wahrscheinlichkeit einer psychischen

Problematik und von Verhaltensweisen in einem anderen Entwicklungsalter erhöhen. Wenn ein Kind beispielsweise bereits in der Grundschule viele Fehlzeiten in der Schule hat und dadurch Wissenslücken entstehen, kann es sein, dass es eine geringe Selbstwirksamkeit bezüglich Leistung ausbildet und sich später auch in der Ausbildung wenig zutraut, Ausbildungschancen wiederholt abbricht und dadurch auch den Anschluss an Gleichaltrige im sozialen Bereich verliert.

Je nach Entwicklungsalter verschiebt sich zudem die Gewichtung der Risiko- und Schutzfaktoren: Jüngere Kinder verbringen viel Zeit in der Familie, das familiäre Umfeld beeinflusst die Entwicklung in diesem Alter am stärksten. Bei jüngeren Kindern ist zum Beispiel bei der Entstehung von depressiven Symptomen am ehesten von einer genetischen Veranlagung und/oder von direkten Reaktionen auf ungünstige Sozialisationsbedingungen auszugehen. Dazu gehören sowohl singulär traumatische Erlebnisse (z. B. Verlusterlebnisse), aber noch mehr chronisch wirksame, belastende Stressoren wie Armut, Migration, geringes Bildungsniveau (z. B. Wartberg, Kriston & Thomasius, 2018). Auch ungünstige, konfliktreiche familiäre Interaktionsmuster, geringe erzieherische Kompetenzen der Eltern, eine unsichere Bindung zu den Hauptbezugspersonen (Spruit et al., 2020), Verwahrlosung, Vernachlässigung und Missbrauch weisen einen Zusammenhang mit der Ausbildung depressiver Symptome auf. Depressionen können auch bei Kindern häufiger nachgewiesen werden, die mit einem psychisch kranken Elternteil aufwachsen. Als besonders kritisch gelten hierbei depressive Mütter. Misshandelnde, missbrauchende, vernachlässigende, aber auch psychisch kranke Bezugspersonen sind häufig nur unzureichend bzw. nicht in der Lage, auf die emotionalen und sozialen Bedürfnisse der Kinder zuverlässig einzugehen, ein für die Kinder vorhersehbares Reaktionsmuster zu zeigen und sie in den für sie wichtigen Reifungs- und Entwicklungsprozessen ausreichend zu unterstützen.

Mit zunehmendem Alter verbringen Kinder und Jugendliche immer mehr Zeit außerhalb der Familie in Schule und Ausbildung. Erfahrungen innerhalb des Bildungssystems, in der Gleichaltrigengruppe, in Partnerbeziehungen prägen sie immer stärker zusätzlich zum familiären Umfeld. Konkret bedeutet dies – zum Beispiel im Zusammenhang mit dem Auftreten depressiver Erkrankungen – dass die Erfahrungen, die in diesem Kontext gemacht werden, ebenfalls problemverstärkend oder -mindernd wirken können. Gute und unterstützende Freundschaftsbeziehungen oder Beziehungen zu Lehrkräften können stabilisierend wirken und den Selbstwert von Jugendlichen und jungen Erwachsenen stärken, genauso wie gute schulische oder berufliche Erfolge. Belastende soziale Erfahrungen (z. B. Ausgrenzungen, Mobbing) oder Leistungsschwierigkeiten können depressive Entwicklungen auslösen oder verstärken.

### 3.2.2 Diathese-Stress-Modell

Grundlegend geht man bei der Entstehung von psychischen Störungen und Verhaltensauffälligkeiten bei Kindern und Jugendlichen von einem Diathese-Stress-Modell aus.

Ein kritisches, nicht-normatives (z. B. der Tod eines Elternteils, Arbeitslosigkeit) oder normatives Lebensereignis (z. B. Einschulung) kann besonders ungünstig wirken, wenn eine Person eine hohe Vulnerabilität aufweist. Als Vulnerabilität bezeichnet man die spezifische Anfälligkeit dafür, dass ein Risikofaktor bei einer Person wirksam wird. Vulnerabilität ist somit gleichsam die „Störungsbereitschaft". Ob ein Kind oder ein*e Jugendliche*r vulnerabel für einen Risikofaktor ist, hängt von der Konstellation der Risiko- und Schutzfaktoren ab. Es kommt dann zu einem Gefühl der (Über-)Belastung, wenn die personalen Ressourcen die Anforderungen übersteigen. Mit Resilienz bezeichnet man demgegenüber (vgl. Kapitel 2) ein individuelles Potenzial, trotz einer Vielzahl von Entwicklungsrisiken eine günstige Entwicklung zu zeigen.

Im Rahmen kognitiver Ansätze nimmt man beispielsweise an, dass ein Verlusterlebnis oder eine schwere Enttäuschung eher zu depressiven Verhaltensmustern führen kann, wenn jemand über ein niedriges Selbstwertgefühl, ein negatives Attributionsmuster oder fehlende Bewältigungskompetenzen verfügt (z. B. Essau et al., 2002; Seiffge-Krenke & Klessinger, 2001). Im Rahmen der bei der Verfassung des Buches aktuellen Pandemiesituation durch Covid-19 kann dieser Zusammenhang zwischen Risiko- und Schutzfaktoren in einem Diathese-Stress-Modell differenziert veranschaulicht werden: Die Pandemiesituation gilt als multidimensionaler, potenziell toxischer Stressfaktor (vgl. Brakemeier et al., 2020; Plener & Jelincic, 2021). Dieser Stressfaktor ist durch fünf Faktoren gekennzeichnet (Gruber et al., 2020):

- Globale Verbreitung von unvorhersehbarer Dauer
- Individuelle Auswirkungen auf verschiedene Lebensbereiche
- Subjektiv erlebter Kontrollverlust
- Systemische Auswirkungen auf die Gesellschaft
- Einschränkungen des Zugangs zu Schutzfaktoren und Hilfesystemen

Es gibt inzwischen eine Vielzahl internationaler Studien (z. B. Review von Vindegaard & Benros, 2020), die sich mit den Auswirkungen der Pandemie auf die psychische Gesundheit beschäftigen. Diese weisen darauf hin, dass die Pandemie vermutlich auch in Deutschland zu einer Zunahme psychischer Probleme in der Bevölkerung führen wird. Hier soll jedoch nun der in diesem Kapitel dargestellte Zusammenhang zwischen Risiko- und Schutzfaktoren in einem Diathese-Stress-Modell veranschaulicht werden: In der längsschnittlich angelegten „Bochum Optimism und Mental Health Study (BOOM)" mit

Studierenden der Ruhr Universität Bochum zeigte sich ein moderater bis starker Anstieg an psychischer Belastung in der Phase des teilweisen Lockdowns. Dieser konnte signifikant durch Stresssymptome vorhergesagt werden (Brailovskaia et al., 2021). Das Ausmaß psychischer Gesundheit vor der Pandemie erwies sich gleichzeitig als Prädiktor für eine geringere Belastung während des partiellen Lockdowns. Das wahrgenommene Gefühl von Kontrolle bzw. das Fehlen von Kontrolle (= Mediator) war entscheidend dafür, ob eine positive Gesundheit als Schutzfaktor wirken konnte (Brailovskaia et al., 2021).

## 3.3 Welchen Einfluss haben kritische Lebenssituationen?

In den bisherigen Ausführungen wurden verschiedene Einflussgrößen auf die Entwicklung von Kindern und Jugendlichen unterschieden (vgl. Baltes, Staudinger & Lindenberger, 1999; Jonas et al., 2007):

- *Normative/ontogenetisch-alterszyklische Faktoren:* Interaktion zwischen Anlage und Umwelt, genotypische Bedingungen können je nach Entwicklungskontexten zu anderen phänotypischen Erscheinungsbildern führen. Zum Beispiel könnte ein durchschnittlich begabtes Kind in einer Klasse für Hochbegabte durch den Vergleich einen niedrigen Selbstwert entwickeln.
- *Normativ-geschichtstradierte Einflüsse:* Entwicklungsumwelt ist kulturell/geschichtsbezogen normativ geformt; im Lebenslauf kommt es zu überindividuell wiederkehrenden, eventuell epochen- oder kulturspezifischen Anforderungen und Erwartungen (vgl. Entwicklungsaufgaben, Havighurst, 1972, siehe Kapitel 2, S. 18 ff.).
- *Non-normative Ereignisse:* Individuelle Herausforderungen, kritische Lebensereignisse, die zunächst mit den bisherigen personalen und sozialen Ressourcen nicht bewältigt werden können und eine Neuorganisation der Erlebens- und Verhaltensmuster und ggf. der Veränderung des sozialen Netzes verlangen.

### Welche Bedeutung haben Übergänge bzw. Schwellensituationen?

Übergänge zwischen Altersphasen (z. B. von Kindheit zum Jugendalter, Übernahme bestimmter Rollen wie Elternschaft) stellen Herausforderung für alle Individuen dar. In Abhängigkeit von einer positiven oder eher problematischen Bewältigung formt sich das Selbstwirksamkeitserleben, welches in das Selbstbild integriert wird. Dies spielt im Kindes- und Jugendalter eine ganz besondere Rolle, da dies eine sensible Phase für die Entwicklung des Selbstbildes, -wertes und der Persönlichkeit darstellt.

Unter Transition versteht man bedeutende Übergänge oder komplexe, ineinander übergehende und sich überblendende Wandlungsprozesse, wenn

Lebenszusammenhänge massive Umstrukturierung erfahren. Nicht das Lebensereignis an sich lässt etwas jedoch zu einer Transition werden, sondern im entwicklungspsychologischen Sinne dessen Verarbeitung und Bewältigung (Niesel & Griebel, 2005). Hier kann ein erhöhtes Risiko für die Ausbildung von Verhaltensauffälligkeiten entstehen.

***Rückbezug zum Fallbeispiel***

A. steht an der „Schwelle zum Erwachsenwerden“, sie hat ihr Abitur absolviert, wollte ins Ausland gehen, leistet nun ein FSJ und plant ihre weitere berufliche Zukunft (z. B. durch die Bewerbung auf einen Studienplatz). Diese Lebensphase mit allen Herausforderungen und Entwicklungsaufgaben stellt eine Übergangsphase/Schwellensituation dar. Es kommt nun darauf an, wie A. diese Phase verarbeitet. Im Fallbeispiel meistert sie die Situation äußerlich gut (z. B. absolviert sie ein FSJ, da sie nicht ins Ausland gehen kann), aber innerlich hat sie vermutlich ein erhöhtes Stresserleben, eventuell hat sie hohe Anforderungen an sich bei gleichzeitig niedrigem Kontrollerleben (z. B. Studienplatz klappt nicht). Dies zeigt sich bei ihr in einer veränderten Stimmung und an einem veränderten Essverhalten. Restriktives Essverhalten hat für Betroffene oft die Funktion, unbewusst ein Gefühl von Kontrolle wiederherzustellen.

**Adverse Childhood Experiences (ACEs)**

Während es sich bei den oben geschilderten Schwellensituationen um Situationen handeln kann, die eine erhöhte Herausforderung darstellen, müssen solche Schwellensituationen nicht von allen als belastend erlebt werden. Deutlich einschneidender sind Adverse Childhood Experiences (ACEs). Diese beziehen sich auf unterschiedliche Erfahrungen in der Kindheit, die einen anhaltenden negativen Effekt auf die Gesundheit und das Wohlbefinden von Personen haben können. Dazu gehören erlebte Trennungen oder die Scheidung der Eltern, aber auch Misshandlungen, Missbrauch oder Verwahrlosung und Vernachlässigung. Verschiedene Studien haben einen deutlichen Zusammenhang zwischen ACEs und psychosozialen Problemen später im Leben verdeutlicht (z. B. Hughes et al., 2017). So wurde beispielsweise ein starker Zusammenhang zwischen ACEs und Drogenkonsum sowie Suizidversuchen belegt. Es wird angenommen, dass Drogenkonsum bzw. Suizidversuche maladaptive[2] Coping-Strategien zur Bewältigung der negativen Erfahrungen darstellen (z. B. Felitti et al., 2007).

In einer aktuellen deutschen Studie (Witt et al., 2019) wurden 2 531 Personen (55,4 % weiblich) ab 14 Jahren (Mittelwert [MW] Alter = 48,6 Jahre, Standardabweichung [SD] = 18) retrospektiv nach ACEs und psychosozialen

2 Lateinisch: „male“ = schlecht; bedeutet hier eine „schlechte“ oder fehlerhafte Anpassung.

Auffälligkeiten befragt. 44 Prozent der Befragten berichteten wenigstens ein ACE, 9 Prozent berichteten von vier oder mehr. Am häufigsten wurden die Trennung der Eltern, Alkohol- und Drogenmissbrauch in der Familie, emotionale Vernachlässigung oder emotionaler Missbrauch angegeben. Vier ACE-Muster wurden mithilfe einer „latent class analysis“ identifiziert:

1. Keine oder minimale ACEs
2. Dysfunktionale familiäre Verhältnisse
3. Misshandlung
4. Multiple ACEs

Im kumulativen Modell mit vier oder mehr ACEs konnte ein deutlich erhöhtes Risiko für die Ausbildung von Depressionen, für körperliche Aggression und für eine eingeschränkte Lebenszufriedenheit gefunden werden.

## 3.4 Welche Entwicklungswege gibt es?

Wenn Kinder und Jugendliche den dargestellten Gefährdungssituationen ausgesetzt sind, so beeinflusst dies natürlich deren Entwicklung. Die Komplexität und Flexibilität dieser Zusammenhänge wurde bereits in Kapitel 2 und vor allem hier in Kapitel 3 dargestellt. Dies verdeutlichen auch Entwicklungspfadmodelle, die typische Entwicklungswege und Entwicklungsabfolgen zu beschreiben versuchen. Nach Sroufe (1997) können vier Entwicklungswege identifiziert werden:

- *Kontinuität:* 1. kontinuierliche Fehlanpassung oder 2. kontinuierliche positive Anpassung von Beginn an.
- *Diskontinuität:* 3. anfängliche positive Anpassung mit späteren Fehlanpassungen oder 4. anfängliche Fehlanpassung mit späteren positiven Anpassungsleistungen.

## 3.5 Wie können Fachpersonen handeln, um eine ungünstige Entwicklung bei Kindern oder Jugendlichen zu verhindern?

Zur Prävention der geschilderten Verhaltensauffälligkeiten können Fachpersonen im psychosozialen Bereich das Verhalten von Kindern und Jugendlichen differenziert beobachten und in einen Zusammenhang mit typischen, altersangemessenen Entwicklungen stellen. Es ist relevant, frühzeitig zu erkennen, wenn Verhaltens- und Erlebensmuster auffällig sind, um dann differenzierte

Abklärungs- und Diagnostikmöglichkeiten anzubahnen. Gleichzeitig sollten die bei dem Kind und dem*der Jugendlichen vorhandenen Risiko- und Schutzfaktoren, die Vulnerabilität und Resilienz beachtet und analysiert werden. Risikofaktoren sollten reduziert und Schutzfaktoren gestärkt werden. Hierbei muss immer beachtet werden, welche Handlungsmöglichkeiten sich für den* die Einzelne*n ergeben, an welchen Stellen das soziale Netz einbezogen oder Unterstützungsmöglichkeiten weiter ausgebaut werden müssen.

Konkret bedeutet das in der psychosozialen Arbeit, sich zu klar zu machen, welche Funktion/Möglichkeit/Auftrag die jeweilige Fachkraft in ihrem beruflichen Kontext hat. In diesem Rahmen sollte eine spezifische Diagnostik durchgeführt werden, aus der hervorgeht, an welchen Stellen Handlungsbedarf besteht und welche weiteren Fachgruppen einbezogen werden müssen. Die Fachkräfte können für sich herausarbeiten, an welchen Stellen sie selbst helfen können, Risikofaktoren zu reduzieren und Schutzfaktoren zu stärken und für welche Bereiche weitere Ansprechpartner*innen einbezogen werden müssen.

***Rückbezug zum Fallbeispiel***

Im Fallbeispiel ist es wichtig, dass Frau Th. A. zuhört und sich einen Überblick über A.s aktuelle Situation und ihre sozialen und personalen Ressourcen verschafft. Da sie A. im FSJ betreut, aber keinen Beratungsrahmen ausfüllt, wählt sie als Diagnostikinstrument eine genaue Exploration. Sie notiert sich die positiven Ressourcen (z. B. familiäre Einbindung, Freundschaften, hat das Abitur geschafft), aber auch die Belastungen (z. B. unklare Zukunft, Gefühl, die Situation nicht kontrollieren zu können, Eltern können nur schwer aushalten, wenn A. Probleme hat). Frau Th. wägt ab, welche positiven Bewältigungsmuster sie für die schwierige Übergangssituation mit stressreichen Erlebnissen mit A. stärken kann (z. B. schlägt sie ein Gespräch mit A.s Eltern vor und übt das mit A. ein; sie kann ihr helfen, Bewerbungen zu schreiben). Bezüglich der Essproblematik ist es jedoch wichtig, die Symptomatik im Auftreten und in der Schwere medizinisch und jugendpsychiatrisch abklären zu lassen. Dies übersteigt Frau Th.s Rahmen, weshalb sie A. an Fachkolleg*innen verweist.

## 3.6 Zusammenfassung

Die in diesem Kapitel dargestellte Entwicklungspsychopathologie beschäftigt sich mit den Ursachen und dem Verlauf individueller Muster fehlangepassten Verhaltens mit dem Ziel, risikoerhöhende und -mildernde Bedingungen aufzudecken, Ursachen für Resilienz (Widerstandsfähigkeit) und Vulnerabilität (Anfälligkeit) zu erforschen und Wissen darüber zu erhalten, über welche Prozesse solche Bedingungen wirken. Verhalten an sich wird dabei stets als dimensional betrachtet (von wenig über durchschnittlich bis hin zu stark ausgeprägt). Eine wichtige Aufgabe von Fachpersonen in ihrem beruflichen Alltag ist es, Verhaltensweisen von Kindern und Jugendlichen genau zu beobachten und einzuordnen. Dafür kann die medizinische-psychiatrische Klassifikation herangezogen werden, wonach Verhaltensweisen in „normal", „kritisch" oder „krankheitswertig" eingeteilt werden.

# 4. Welche Gefährdungssituationen gibt es für Kinder und Jugendliche im familiären und sozialen Umfeld?

In diesem Kapitel werden unterschiedliche Gefährdungssituationen dargestellt, mit denen Kinder und Jugendliche im Laufe ihrer Entwicklung konfrontiert sein können.

Wir kommen noch einmal auf die aktuelle bevölkerungsrepräsentative Studie von Witt et al. (2019) zurück, die die Häufigkeit belastender Kindheitserlebnisse („Adverse Childhood Experiences" = ACEs), deren Kumulation sowie den Zusammenhang mit psychosozialen Auffälligkeiten in Deutschland untersucht hat. Unter ACEs versteht man grundsätzlich negative Erfahrungen und Rahmenbedingungen beim Aufwachsen von Kindern und Jugendlichen (vgl. Kapitel 3.3.). Es werden zehn Unterkategorien betrachtet, die zwei Clustern zugeordnet werden können (vgl. Schäfer & Sann, 2014). Zum einen handelt es sich um das Cluster „Aggressionen und Gewalt", die Kinder und Jugendliche direkt erleben, also beispielsweise Misshandlung, Missbrauch und Vernachlässigung. Zum anderen wird das Cluster der „dysfunktionalen Kontexte des Aufwachsens" erfasst. Dazu gehören Trennung der Eltern, Verlust eines Elternteils oder Familienmitglieds, Gewalt gegen die Mutter, Substanzkonsum und/oder eine psychische Erkrankung eines im Haushalt lebenden Familienmitglieds sowie ein Gefängnisaufenthalt eines im Haushalt lebenden Familienmitglieds.

In der Studie von Witt et al. (2019) waren die am häufigsten genannten ACEs die Scheidung/Trennung der Eltern (19 %), Alkoholkonsum und Drogenmissbrauch in der Familie (17 %), emotionale Vernachlässigung (13 %) und emotionale Misshandlung (13 %). Es konnten vier Muster belastender Kindheitserlebnisse identifiziert werden:

- Keine oder minimale ACEs
- Dysfunktionale familiäre Verhältnisse
- Misshandlung
- Multiple ACEs

Die Hochrisikogruppe (vier oder mehr ACEs) zeigte im kumulativen Modell ein signifikant erhöhtes Risiko für Depressivität (Odds Ratio [OR[3]] = 7,8),

3 Bei Odds Ratio (OR, Quotenverhältnis) handelt es sich um eine statistische Messzahl, die

Ängstlichkeit (OR = 7,1), körperliche Aggressivität (OR = 10,5) und eingeschränkte Lebenszufriedenheit (OR = 5,1). Deutlich wurde in dieser Studie, dass belastende Kindheitserlebnisse häufig vorkommen und deren Kumulation mit deutlich erhöhten negativen Konsequenzen für die Betroffenen verbunden sind. Dies lenkt einen Fokus darauf, dass Präventions- und Interventionsansätze mehrere Belastungen einbeziehen müssen.

In diesem Kapitel sollen verschiedene Gefährdungssituationen genauer angesehen und herausgefunden werden, wie häufig Kinder und Jugendliche damit konfrontiert sind. Mögliche Folgen für Betroffene werden analysiert. Wie in Kapitel 2 und 3 ausführlich erläutert, hängt es von vielen Faktoren ab (genetische Disposition, Temperament, soziale und personale Ressourcen, Entwicklungsalter, in dem die Gefährdungssituation(en) auftreten, Chronizität der belastenden Erfahrungen), in welcher Tragweite negative psychosoziale Verläufe angestoßen oder Resilienz und Bewältigungskompetenzen entwickelt werden.

Gegenstand der Inhalte dieses Kapitels sind ein Teil der oben genannten ACEs, aber auch typische Gefährdungssituationen in der sozialen Umgebung vor allem von Jugendlichen. Dazu gehören der Medienkonsum und dysfunktionale Interaktionen mit Gleichaltrigen.

## 4.1 Missbrauch, Misshandlung, Vernachlässigung und Verwahrlosung: Was sollten Fachpersonen wissen?

***Fallbeispiel***

Als im Rahmen vom Ethikunterricht über sexuellen Missbrauch gesprochen wird, bemerkt die 16-jährige L., dass sie dies kaum aushalten kann, abschweift, „nicht mehr da ist". Sie macht sich Sorgen, bittet bei der Ethiklehrerin darum, dass sie an den Einheiten zum Thema nicht teilnehmen muss. Sie schildert der Lehrerin kurz, wie es ihr geht. Diese ist besorgt und empfiehlt ihr dringend, eine Beratungsstelle oder eine Psychotherapie aufzusuchen. Bei der Ethiklehrerin ist der Verdacht entstanden, dass L. sexuelle Gewalt erlebt hat oder erlebt. L. bekommt in einigem zeitlichen Abstand einen Termin in einer Jugendberatungsstelle. Sie geht mit ihrer Mutter, bei der sie lebt, zum ersten Termin. Dort berichtet sie über ihre Biographie.

---

etwas über die Stärke eines Zusammenhangs von zwei Merkmalen aussagt, in dem zwei Quoten miteinander verglichen werden. Ein OR von 7,8 bedeutet ein 7,8-fach erhöhtes Risiko für die bezeichnete Gruppe.

„Ich lebe gemeinsam mit meinen Brüdern (Zwillinge, 2 Jahre jünger als sie) bei der Mutter und meinem Stiefvater, habe seit einem Jahr eine Partnerschaft zu einem Jungen (17 Jahre, Schreinerlehre). Schulisch bin ich gut, strenge mich an, da ich Physiotherapeutin werden will. Ich habe ein paar wenige Freundinnen, der Kontakt ist aber nicht eng. Mein leiblicher Vater wohnt im gleichen Ort, eigentlich bin ich jedes zweite Wochenende dort, habe aber, seit ich 12 Jahre alt bin, oft keine Lust dazu, gehe aber dennoch, da mein Vater sonst ‚beleidigt' ist und meiner Mutter unterstellt, sie halte mich von ihm fern. Meine Brüder gehen regelmäßig und gern zum Vater, auch manchmal spontan unter der Woche. Meine Brüder und ich sind zuerst bei den Eltern aufgewachsen. Der Vater hat gearbeitet, die Mutter hat sich um die Kinder und den Haushalt gekümmert. Meine Eltern waren uns gegenüber liebevoll. Irgendwann – damals war ich Vorschülerin – hat Mutter begonnen, immer mehr Beruhigungstabletten zu nehmen. Als Kindergartenkind bin ich manchmal vor dem Kindergarten mit meinen Brüdern vergessen worden. Eine Erzieherin hat uns immer nach Hause gebracht. Die Mutter ist immer öfter ‚rumgelegen' und hat geschlafen. Ich hatte Angst um die Mutter. Unsere Eltern haben sehr viel gestritten".

L. gibt bei der Psychologin außerdem an, dass die Großeltern väterlicherseits sie dann häufiger zu sich genommen haben. Als sie in der zweiten Grundschulklasse gewesen sei, sei die Mutter dann plötzlich „weg gewesen", sie habe nicht gewusst, wo sie ist. L. habe sich die Schuld am Weggang der Mutter gegeben, sie dachte, dass sie vielleicht nicht „lieb genug" gewesen sei. Der Vater habe ihnen nichts erklärt, die Oma sei dann immer da gewesen. Der Vater habe versucht, alles zu bewältigen, er sei aber sowieso „cholerisch", habe viel herumgeschrien. Manchmal habe er auch die Brüder oder sie geschlagen, wenn sie Unsinn gemacht oder die Hausaufgaben nicht erledigt hätten. Obwohl der Vater nach ca. einem Jahr der Trennung wieder eine neue Beziehung zu einer Frau, die selbst auch drei Kinder hat, begonnen hat, hat er viel über die Mutter geschimpft. Sie und die Brüder hätten sich nicht getraut zu sagen, dass sie sie vermissen. Irgendwann habe die Mutter dann wieder Kontakt zu ihnen aufgenommen, sie hatte zwischenzeitlich einen stationären Entzug gemacht, sich behandeln lassen. Sie habe nun einen neuen Partner gehabt und in der Nähe des Vaters eine Wohnung bezogen. Sie habe darauf gedrängt, dass L. und ihre Brüder zu ihr kommen. Als sie in der vierten Klasse war, seien sie dann auch tatsächlich zur Mutter gezogen, da der Vater durch seine Arbeit wenig für die Kinder da sein konnte. Sie hätten sehr oft den Nachmittag nach der Schule allein gestalten müssen. Die Mutter habe keine Beruhigungstabletten mehr konsumiert, sich um die Kinder und deren Versorgung bemüht und auch mit dem Stiefvater seien sie gut ausgekommen. Der Vater sei aber massiv gekränkt gewesen, dass sie nun bei der Mutter gewohnt hätten. Er habe ihr Vorwürfe und „ein schlechtes Gewissen" gemacht

(„Du bist undankbar!“, „Eure Mutter hat euch im Stich gelassen, was wollt ihr bei der?“). Oft habe sie keine Lust gehabt, am Wochenende zu ihm zu gehen, da er einen solchen Druck ausgeübt habe. Mit der Stiefmutter sei sie auch nicht sonderlich gut ausgekommen und die Stiefgeschwister seien sehr „anstrengend“ gewesen. Die Mutter habe aber auch in einem ständigen Konflikt mit dem Vater und dessen Familie gelebt und permanent verhindern wollen, dass sie zu ihm oder der Familie gehen. Sie habe gesagt: „Wie kannst du dorthin gehen, die Familie war zu mir nicht nett. Wegen deines Vaters habe ich Tabletten genommen!“ Irgendwann – L. erinnert sich, dass das an ihrem 13. Geburtstag war – habe die Mutter ihr dann berichtet, dass sie auch nicht wolle, dass L. zur Familie des Vaters gehe, weil der Freund des Vaters L. im Alter von drei Jahren sexuell missbraucht habe. Für L. sei damals eine Welt zusammengebrochen, sie könne sich nicht daran erinnern. Den Freund habe sie immer gerne gemocht, aber nun habe sie immer Angst gehabt, ihn zu sehen, er sei oft bei Familienfeiern eingeladen gewesen. Bei jeder Familienfeier des Vaters habe die Mutter sie an den sexuellen Missbrauch erinnert und ihr zu verstehen gegeben, dass sie nicht hingehen soll. Manchmal habe sie abgesagt, dann habe der Vater aber wieder Druck gemacht. L. habe gelernt, ihre Gefühle nicht zu zeigen und genau zu schauen, wie es anderen geht und was sie wohl von ihr wollen. Aktuell nehme die Mutter wieder ab und zu Beruhigungstabletten, sie denke, man merke das nicht. Aber ihr falle es gleich auf, sie habe große Sorgen um die Mutter. L. versuche, dann immer zu Hause zu bleiben, damit die Mutter nicht allein sei. L. falle es schwer, enge Kontakte/Freundschaften einzugehen, da sie fürchte, dass sie verlassen wird, wenn sie sich bindet. Die Beziehung zu ihrem Freund sei nicht „so intensiv“, da er viel mit seinen Freunden unternehme.

### 4.1.1 Worum geht es? Eine Gegenstandsbestimmung

In den meisten demokratischen Ländern hat sich im Laufe des letzten Jahrhunderts die Rechtsgrundlage zugunsten einer gewaltfreien Erziehung gewandelt. Körperliche Bestrafungen, seelische Verletzungen und andere entwürdigende Maßnahmen sind rechtlich in Deutschland nach § 1631 Abs. 2 BGB in der Fassung des Gesetzes zur Ächtung der Gewalt in der Erziehung vom 06.07.2000 unzulässig.

Trotz bestehender Rechtsgrundlage ist es schwierig, die Grenzen zwischen akzeptablem Erziehungsverhalten und Misshandlungen festzulegen (Fegert, Ziegenhain & Rassenhofer, 2020). In der Fachwelt wurde lange Zeit um einen Konsens bezüglich einer Definition von Kindesmisshandlung gerungen. In einer breit angelegten sozialwissenschaftlichen Definition, die inzwischen von verschiedenen Disziplinen verwendet wird, hat das „National Center for Diseases Control and Prevention“ (Leeb et al., 2008) konkretisiert, was unter dem Begriff Kindesmisshandlung zu verstehen ist: Kindesmisshandlungen umfassen einzelne oder mehrere Handlungen oder Unterlassungen, die durch Eltern oder andere Bezugspersonen erfolgen, die entweder zu einer physischen oder psychischen Schädigung des Kindes führen, das Potenzial einer Schädigung besitzen oder die Androhung einer Schädigung enthalten.

Dabei können vier Formen der Misshandlung unterschieden werden (Herrenkohl, 2005; vgl. Fegert, Ziegenhain & Rassenhofer, 2020, S. 523). Die emotionale Misshandlung und die emotionale Vernachlässigung werden hier getrennt benannt, obwohl sie einer Misshandlungsform angehören:

- *Körperliche Misshandlung:* Gezieltes Zufügen körperlicher Gewalt, die zu körperlichen Verletzungen führt oder das Potenzial dazu hat.
- *Emotionale Misshandlung:* Bezugspersonen beeinträchtigen aktiv oder passiv die psychische Befindlichkeit von Kindern und Jugendlichen auf verschiedene Art und Weise (z. B. Entwertung des Kindes oder des Jugendlichen durch negative Einstellung, herabwürdigende Sprache, inadäquate Strafen, unrealistische Anforderungen, Instrumentalisierung der Kinder und Jugendlichen in elterlichen Konflikten, unangemessenes Vermitteln von Schuldgefühlen, Verhinderung altersentsprechender Entwicklungsmöglichkeiten).
- *Emotionale Vernachlässigung:* Andauernde oder extreme Vernachlässigung der Bedürfnisse eines Kindes.
    - Bedürfnis nach Sicherheit und Geborgenheit: nach einem gewaltfreien Familienumfeld, nach einer konstant verfügbaren und stabilen Bezugsperson.
    - Bedürfnis nach Akzeptanz und Selbstwertgefühl: nach wohlwollender Aufmerksamkeit, nach der Abwesenheit von extrem negativer und unrealistischer Bewertung.
    - Bedürfnis nach altersgemäßer Autonomie und Selbstständigkeit: danach, seine Umwelt und außerfamiliären Beziehungen zu erkunden, sich innerhalb der elterlichen Grenzen und Regeln individuell zu entwickeln, keine unangemessenen Verantwortlichkeiten zu tragen oder Beschränkungen auferlegt zu bekommen.
- *Vernachlässigung/Verwahrlosung:* Die mangelnde Erfüllung der grundlegenden körperlichen, emotionalen, medizinischen oder bildungsbezogenen Bedürfnisse des Kindes durch die Bezugspersonen und/oder durch mangelnde Gewährleistung der kindlichen Sicherheit durch unzureichende Beaufsichtigung oder die fehlende Herausnahme aus einer gewalttätigen Umgebung.
- *Sexueller Missbrauch:* Jede durchgeführte oder versuchte sexuelle Handlung mit oder ohne direkten sexuellen Kontakt mit/an einem Kind.

Die unterschiedlichen Misshandlungsformen sind mehr oder weniger valide für Personen im Umfeld zu erkennen. Auf Möglichkeiten der Diagnostik von Kindesmisshandlungen werden wir in Kapitel 6 genauer eingehen. An dieser Stelle sei jedoch erwähnt, dass die emotionale Misshandlung relativ oft vorkommt und häufig mit einer emotionalen Vernachlässigung einhergeht, jedoch sehr schwer fassbar ist. Sie hinterlässt kaum sichtbare „objektivierbare" Spuren und hängt von gesellschaftlichen und innerfamiliären Normen ab.

***Anregungen zur Selbstreflexion***

- Welche Gefühle und Handlungsimpulse werden bei Ihnen ausgelöst, wenn Sie mit Kindern bzw. Jugendlichen arbeiten, bei denen Missbrauch, Misshandlung, Vernachlässigung, Verwahrlosung im Raum stehen?
- Gibt es ambivalente Gefühle (z. B. Mitleid, aber auch Angst, selbst in der Interaktion Fehler zu machen)?

### 4.1.2 Wie häufig treten Missbrauch, Misshandlung, Vernachlässigung und Verwahrlosung auf?

Seit dem Beginn einer breit angelegten Aufarbeitung von Misshandlungen und Missbrauch an Kindern und Jugendlichen in Institutionen im Jahre 2010, hat sich das Bewusstsein der Öffentlichkeit für das Vorkommen dieser Form der Gefährdung in Deutschland verstärkt (Fegert et al., 2013, 2015; Rassenhofer et al., 2015; Spröber et al., 2014). In Deutschland existieren unterschiedliche Häufigkeitsangaben für die geschilderten Misshandlungsformen. Dies liegt daran, dass verschiedene Zugangswege genutzt werden, um das Vorkommen zu ermitteln. Es gibt Zugangswege, mit denen man eher die Hellfelddaten erhält. Eine Möglichkeit ist es beispielsweise, Kinder und Jugendliche zu erfassen, die sich (unter anderem) aufgrund von Misshandlungen/Missbrauch ärztlich, psychotherapeutisch oder psychiatrisch behandeln lassen. In dem in Deutschland aktuell noch gültigen Klassifikationssystem der ICD-10 (BfArM/BMG/KKG, 2020) werden die körperlichen und psychischen Auswirkungen von Misshandlung und Missbrauch anhand von Verletzungscodes sowie Codes zur Feststellung einer psychischen Belastung angegeben.

Einen anderen Zugangsweg bildet die Auswertung administrativer Daten und Statistiken, wie Eingriffe in die elterliche Sorge bei Kindeswohlgefährdung. Von Kindeswohlgefährdung spricht man dann, wenn eine körperliche oder seelische Gefährdung eines Kindes vorliegt, durch die das gesamte Wohlergehen und die gesunde Entwicklung des Kindes beeinträchtigt werden. Münder, Mutke und Schone (2000) fanden in ihrer Aktenanalyse zu Eingriffen in das elterliche Sorgerecht 12 Prozent Misshandlungsfälle, 18 Prozent Missbrauchsfälle und 32 Prozent Vernachlässigungsfälle. In den restlichen Fällen handelte es sich um Autonomiekonflikte, Verwahrlosung und andere nicht-kategorisierbare Rahmenbedingungen.

Darüber hinaus können auch die zur Anzeige gebrachten und somit in der polizeilichen Kriminalstatistik (Bundeskriminalamt, 2021) erscheinenden Straftaten von Kindesmisshandlung und sexuellem Missbrauch analysiert werden. Hier zeigt sich, dass die Zahl der angezeigten Straftaten für Gewalttaten innerhalb eines Betreuungsverhältnisses – also die Misshandlung und der Missbrauch Schutzbefohlener – in den letzten Jahren kontinuierlich zugenommen hat, wohingegen die Zahl der Anzeigen von sexuellem Missbrauch von 2010 bis 2020 abgenommen hat (Statista Research Department, 2021). Im Jahr 2008 wurden in Deutschland 4 102 Fälle von Misshandlung von Schutzbefohlenen Kindern unter 14 Jahren angezeigt. Der Anteil von Kindern unter sechs Jahren betrug dabei 44 Prozent. Der Anteil von Jungen war mit 57 Prozent leicht erhöht.

Sexueller Missbrauch von Schutzbefohlenen Kindern unter 14 Jahren wurde in 1 021 Fällen angezeigt. Der Anteil weiblicher Opfer lag hier bei 69 Prozent. Nach einem leichten Anstieg im Jahr 2011 nach dem sogenannten Missbrauchsskandal, scheint die Zahl in den vergangenen Jahren relativ stabil zu bleiben.

Das tatsächliche Ausmaß der Kindesmisshandlung kann nur geschätzt werden (man schätzt ca. 1,5 Mio. Fälle körperlicher Kindesmisshandlungen pro Jahr in der Bundesrepublik). Aber auch die oben dargestellten Möglichkeiten bieten keine breiten Informationen über das Vorkommen von Misshandlungen und Missbrauch, denn sie erfassen jeweils nur „die Spitze des Eisberges“, weil sich das Prinzip „Hilfe statt Strafanzeige“ in weiten Bereichen der Jugendhilfe und der medizinischen Intervention durchgesetzt hat und nur ein Bruchteil der begangenen und erlebten Taten zur Anzeige gebracht werden. Eine weitere Herangehensweise an die Einschätzung des Vorkommens von Kindesmisshandlungen und Missbrauch stellen wissenschaftlich durchgeführte Studien dar.

In einer Befragung aus dem Jahr 2005 (Bussmann, 2005) von 1 000 12- bis 18-jährigen Jugendlichen und 1 000 Eltern zeigte sich, dass nach Angaben der Eltern die Gruppe von gewaltbelasteten Jugendlichen 12,5 Prozent, nach Angaben den Jugendlichen hingegen 21 Prozent ausmachte. Hochgerechnet auf die im Jahr 2005 in Deutschland lebenden Kinder und Jugendlichen würde dies Zahlen von zwei bis drei Millionen misshandelten Kindern und Jugendlichen entsprechen, wobei hier auch „leichtere“ Formen von Misshandlung wie zum Beispiel leichtere Ohrfeigen eingeschlossen waren. Die Befragung der Jugendlichen ergab, dass 65,1 Prozent der Befragten schon einmal „geohrfeigt“ worden waren. 4,9 Prozent hatten eine „Tracht Prügel“ bekommen. Parallel zu ihrem Erziehungsverhalten befragte Erwachsene berichteten zu 63,7 Prozent, ihre Kinder zu ohrfeigen. Zirka 1,9 Prozent gaben an, ihre Kinder auch schon mindestens einmal verprügelt zu haben.

Aktuellere bevölkerungsrepräsentative Befragungen aus den Jahren 2011 (Häuser et al., 2011) und 2017 (Witt et al., 2017) haben folgende Prävalenzzahlen (Punktprävalenzen) ergeben:

- *Irgendeine Form der Misshandlung:* 31 Prozent
- *Körperliche Misshandlung:* 12 bis 13 Prozent
- *Emotionale Misshandlung:* 15 bis 19 Prozent
- *Körperliche Vernachlässigung:* 41 bis 49 Prozent
- *Emotionale Vernachlässigung:* 40 bis 50 Prozent

Das gleichzeitige oder zeitlich versetzte Auftreten verschiedener Formen von Misshandlung scheint in den Studien die Regel darzustellen (Herrenkohl & Herrenkohl, 2009). Betroffene weisen auch ein höheres Risiko auf, andere belastende Erfahrungen, also eine Polyviktimisierung, zu erleben (Finkelhor, Ormrod & Turner, 2007).

### 4.1.3 Welche psychosozialen Folgen können auftreten?

Wenn Kinder und Jugendliche in ihrem Aufwachsen Misshandlungen ausgesetzt sind, so können weitreichende psychosoziale Folgen, eine Vielzahl schädlicher Verhaltensweisen, psychische und somatische Auffälligkeiten auftreten (Dube et al., 2001; Edwards et al., 2003; Fegert et al., 2013; Felitti et al., 1998; Hughes et al., 2017). Eine der bedeutendsten Public-Health-Studien stellt die ACE-Studie von Felitti et al. (1998) dar. Ihren Ursprung hatte die Studie in einer Klinik für übergewichtige Menschen in San Diego und der Beobachtung, dass eine hohe Abbruchrate der Menschen vorlag, obwohl die Patient*innen im Verlauf deutlich an Gewicht verloren haben. Die Analyse der Drop-Outs ergab, dass eine Mehrzahl der Patient*innen, die das Programm vorzeitig verlassen hatten, sexuellen Missbrauch in der Kindheit erlebt hatten. Felitti und Kolleg*innen schlussfolgerten daraus, dass gesundheitsschädliches Verhalten einen Coping-Mechanismus (z. B. Essen als dysfunktionale Strategie zur Emotionsregulation) für belastende Kindheitserfahrungen darstellen kann.

Studien verdeutlichen immer wieder Zusammenhänge zwischen belastenden Kindheitserfahrungen (vor allem bei multiplen Belastungen und Polyviktimisierungen) und dem späteren Auftreten von Ängsten, Depressionen, körperlichen Beschwerden, Aggressivität und einer reduzierten Lebenszufriedenheit. Teilweise zeigen Kinder und Jugendliche auch akute oder posttraumatische Belastungsreaktionen aufgrund von Traumatisierung. In der medizinisch-psychiatrisch-psychotherapeutischen Wissenschaft und Praxis unterscheidet man zwischen Typ-I- und Typ-II-Traumatisierung.

Während es sich bei Typ-I-Traumatisierung um das Erleben einzelner traumatischer Erlebnisse ohne viele andere Belastungsfaktoren in der Lebensgeschichte (z. B. Unfall, Naturkatastrophen, Verbrechen) handelt, spricht man dann von Typ-II-Traumatisierung, wenn über einen längeren Zeitraum sich wiederholende interpersonelle Traumatisierungen erfolgen, zum Beispiel durch die definierten Formen der Kindesmisshandlung. Dabei erleben die Kinder und Jugendlichen eine unmittelbare Bedrohung für die eigene körperliche Unversehrtheit, das eigene Leben oder das einer anderen Person. Die Erlebnisse führen zu einer hohen emotionalen Erregung. Da die normalen bzw. angeborenen Bewältigungsmechanismen (Kampf oder Flucht) nicht erfolgreich genutzt werden können, erlebt sich die traumatisierte Person als hilflos und nicht handlungsfähig.

> „Das Erleben von absoluter Ohnmacht und die Aktivierung innerpsychischer Mechanismen, die es erlauben, diese Situation mit ihrem Schrecken, mit Schmerzen und belastenden Gefühlen auszuhalten, sind der Kern der Traumafolgestörungen" (Schmid et al., 2020., S. 312).

Multiple und chronische Traumatisierungen haben sehr häufig tiefgreifende Auswirkungen auf alle Ebenen des Erlebens und Verhaltens von Personen bis ins Erwachsenenalter hinein. Besonders problematisch wirkt sich der Umstand aus, dass diese Erfahrungen mit den Bezugspersonen gemacht wurden oder werden, die eigentlich die Erfüllung der Grundbedürfnisse sichern sollen – Heranwachsende vertrauen ihren Bezugspersonen meist blind. Die Handlungen oder Unterlassungen von ihren engsten Bezugspersonen sind für Kinder und Jugendliche oft verstörend. Häufig wird den betroffenen Kindern im unmittelbaren sozialen Umfeld die Schuld und Verantwortung für die Geschehnisse gegeben. In vielen Fällen müssen sie das Erlebte allein emotional verarbeiten, weil die Bezugspersonen involviert sind oder sie die Kinder sogar zur Geheimhaltung verpflichtet haben. Dadurch trauen sich Kinder häufig nicht, mit Menschen im Umfeld über das Erlebte zu sprechen. Je jünger Kinder sind, umso mehr sind sie auf ihre Bezugspersonen angewiesen.

Bei Typ-II-Traumatisierten können die üblichen Traumakriterien – wie Wiedererleben in der Gegenwart, Vermeidungsverhalten und Übererregung – zwar vorhanden sein, manchmal sind sie jedoch von dysfunktionalen Bewältigungsstrategien wie Dissoziation oder Selbstverletzungen überlagert. Weitere Folgen von chronisch interpersoneller Traumatisierung können Schwierigkeiten in der Emotionsregulation (z. B. keine Feinabstufung von Gefühlsausdrücken, leichtere Erregbarkeit in zwischenmenschlichen Situationen und Kommunikationen, Zorn und Ärger dominieren), ein dysfunktionales oder instabiles Selbstkonzept und Probleme in der Beziehungsgestaltung zu anderen sein.

***Rückbezug zum Fallbeispiel***

L. berichtet, verschiedene Formen von belastenden Kindheitserfahrungen bis hin zu Kindesmisshandlung erlebt zu haben und zu erleben.

Zum einen gibt sie an, dass der Vater „cholerisch" gewesen wäre und die Kinder immer wieder als Erziehungsmaßnahme geschlagen habe (körperliche Misshandlung). Darüber hinaus sind sie und ihre Brüder mit einer suchtkranken Mutter aufgewachsen, die in Momenten, in denen sie Medikamente konsumiert hatte, die Bedürfnisse der Kinder wenig im Blick hatte: Vernachlässigung der Kinder und zu wenig Aufsicht waren die Folge. Kompensiert wurde dies teilweise durch die Großeltern. L. hatte Angst um die Mutter, sie konnte sich als kleineres Mädchen die Situation und das zeitweise Verhalten der Mutter nicht erklären. Die Mutter war durch den Medikamentenkonsum inkonsistent in ihrer Beziehungsgestaltung zu den Kindern. L. begriff nicht, weshalb die Mutter plötzlich gegangen ist und der Vater tabuisierte dies. Sie gab sich die Schuld am Weggang der Mutter. Das war ein plötzlicher Bindungsabbruch.

Die Eltern vollzogen eine konfliktreiche Trennung bzw. Scheidung. L. und ihre Brüder wurden instrumentalisiert und ihnen – vor allem L. – wurden Schuldgefühle eingeredet. Sie hatten nicht die Freiheit, weiterhin beide Elternteile gern haben zu dürfen (emotionale Misshandlung). Nach der Trennung waren die Kinder viel sich selbst überlassen. Zu wenig Aufsicht erfolgte (Vernachlässigung). Den Eltern gelang es auch im weiteren Aufwachsen der Kinder nur unzureichend, ihre Bedürfnisse hinter die der Kinder zu stellen (siehe Kontakt zum jeweilig anderen).

L. und ihre Geschwister mussten sich an hinzukommende neue Familienmitglieder durch neue Partnerschaften der Eltern gewöhnen. Die Mutter berichtete dann über einen sexuellen Missbrauch an L., woraufhin L. tatsächlich in Teilen Symptome einer Posttraumatischen Belastungsstörung entwickelt, obwohl sie sich selbst nicht daran erinnern kann (Entwicklung von Dissoziationssymptomen). Im Rahmen der Beratung wird dies aufgegriffen. L. befragt ihre Mutter genauer dazu, diese gibt dann irgendwann an, dass sie „nicht wirklich wisse, ob L. sexuell missbraucht worden sei, es wäre halt eine komische Situation gewesen: Der Freund habe L. auf dem Arm gehabt, L. habe stark geweint". Das heißt, dass die Mutter nicht wusste, ob tatsächlich ein Übergriff stattgefunden hat, sie hat dies aber vor der Tochter immer so dargestellt, als sei es Realität (emotionale Misshandlung).

L. übernimmt auch heute noch zu viel Verantwortung für die Mutter, wenn diese trinkt (emotionale Misshandlung). L. hat aufgrund der Bedingungen in ihrem Aufwachsen (multiple ACEs) eine unzureichende Wahrnehmung der eigenen Bedürfnisse sowie die Fokussierung auf die Bedürfnisse anderer gelernt, außerdem will sie aus Angst, verlassen zu werden, keine nahen Beziehungen eingehen und vermeidet diese. Die Jugendliche verhält sich in den meisten Situationen angepasst, zeigt ein hohes Leistungsniveau. Deutlich wird an diesem Fallbeispiel auch die Ambivalenz, in der sich L. befindet: Die Eltern zeigen zwar viele Verhaltensweisen, durch die eine emotionale Misshandlung der Kinder stattfindet, sie sind jedoch auch in vielen Momenten den Kindern zugewandt und liebevoll. Für Außenstehende ist die emotionale Misshandlung wenig zu erkennen.

## 4.2 Aufwachsen mit einem psychisch- oder suchtkranken Elternteil: Was sollten Fachpersonen wissen?

*Fallbeispiel*

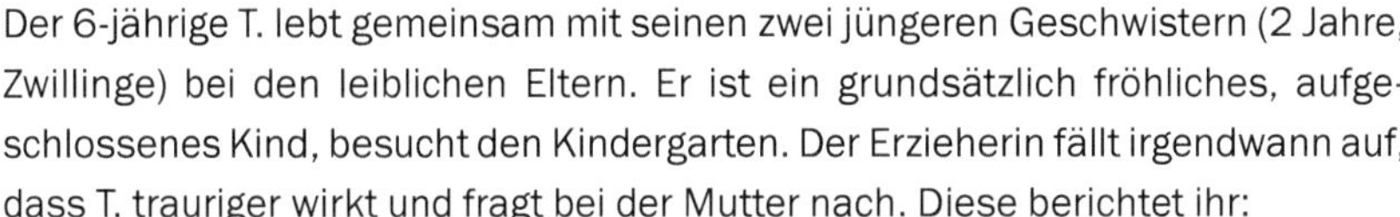

Der 6-jährige T. lebt gemeinsam mit seinen zwei jüngeren Geschwistern (2 Jahre, Zwillinge) bei den leiblichen Eltern. Er ist ein grundsätzlich fröhliches, aufgeschlossenes Kind, besucht den Kindergarten. Der Erzieherin fällt irgendwann auf, dass T. trauriger wirkt und fragt bei der Mutter nach. Diese berichtet ihr:

> „Bei T. Vaters begann vor drei Jahren eine bipolare Störung, er ist seitdem berufsunfähig, befindet sich seit einem Jahr in ambulanter psychotherapeutischer und psychiatrischer Behandlung. Die bipolare Störung äußert sich so, dass er phasenweise sehr traurig und niedergeschlagen ist, wenig Antrieb hat, viel im Bett liegt, kaum auf Ansprachen anderer Personen reagiert. Manchmal zeigt er jedoch sehr viel Energie, er wird dann gereizt, schläft wenig, ist ‚umtriebig', hat dann aber auch sehr viele Ideen, die teilweise absurd erscheinen. In diesen Phasen ist mein Mann, T.s Vater, über die Maßen glücklich, gut gelaunt, kann aber nicht zuhören. Und dann gibt es wieder Zeiten, in denen er im Alltag Aufgaben übernehmen und auf die Bedürfnisse der Kinder gut eingehen kann. Der Vater hatte wiederholt stationäre Aufenthalte, zwei Mal notfallmäßig. T. hat mitbekommen, dass der Notarzt kommt und seinen Vater mitnimmt, dieser war dann länger nicht da. Ich muss viel arbeiten. T. ist dann sehr lange im Kindergarten oder geht zu den Bekannten nach dem Kindergarten. Er weiß oft nicht, was los ist. Ich habe wegen der Situation immer viel geweint, T. hat sich bemüht, ‚brav' zu sein, mit den Geschwistern geholfen, Bilder für mich gemalt. T. hat zunehmend Angst, dass auch ich plötzlich weg sein könnte, er klammert sich an mich, will zum Beispiel nicht mehr in den Kindergarten gehen, schläft bei mir im Bett".

Die Erzieherin nimmt sich daraufhin gemeinsam mit der Mutter Zeit für T. Sie erklären ihm, dass der Vater krank ist, aber auch versichert, dass die Ärzt*innen ihm helfen. Sie sagen, der Vater hätte „traurige Tage und Sonnentage", die er nicht steuern kann und dass T. „nichts dafür kann". Die Mutter organisiert, dass T. grundsätzlich mit den Geschwistern länger im Kindergarten bleibt, in dem er sich wohl fühlt. Die Mutter sagt T., dass der Vater und sie ihn und die Geschwister sehr liebhaben und dass sie einfach „Kind" sein dürfen. Sie sichert ihm zu, dass sie stark und für ihn da ist. T. ist nach dem Gespräch erleichtert, er fühlt sich ernst genommen und entlastet.

### 4.2.1 Worum geht es? Eine Gegenstandsbestimmung

Kinder und Jugendliche entwickeln sich gesund, wenn die Hauptbezugspersonen feinfühlig ihre Bedürfnisse wahrnehmen und diese zuverlässig und vorhersehbar befriedigen (vgl. Kapitel 2 und 3). Heranwachsende fühlen sich dann sicher, geborgen, sie finden Halt, werden in der Ausbildung und Weiterentwicklung von Kompetenzen in der Emotionsregulation, in der Selbstwirksamkeit, Identitätsfindung und Autonomieentwicklung unterstützt. Bedingt durch die elterliche Erkrankung leben Kinder psychisch- oder suchtkranker Eltern in einer besonderen Belastungssituation. Das Risiko, selbst psychisch zu erkranken, ist für sie höher als für Kinder gesunder Eltern. Dies liegt zum einen an der genetischen Disposition oder Vulnerabilität, zum anderen aber auch an den belastenden und stressreichen Erfahrungen, die durch die Erkrankung der Eltern entstehen können.

Wenn Elternteile psychisch krank sind oder an einer Suchterkrankung leiden, so gelingt es ihnen nicht ausreichend, die oben genannten Bedürfnisse ihrer Kinder zu befriedigen und die Kinder konsistent in ihrer Entwicklung zu fördern. Im Rahmen von Suchterkrankungen ist es ein Kriterium, dass andere Lebensbereiche und Aufgaben in den Hintergrund treten, auch wenn negative Konsequenzen entstehen. Dazu zählt zum Beispiel auch die Fürsorge für die eigenen Kinder. Wenn die Bezugspersonen, durch eine solche Erkrankung bedingt, ein inkonsistentes Reaktionsmuster zeigen oder die Kinder sogar ängstigen, dann besteht ein Risiko der Ausbildung eines unsicheren Bindungsstils (Ainsworth et al., 1978; Main & Solomon, 1990). Ein unsicherer Bindungsstil steht in Zusammenhang mit psychischen Auffälligkeiten beim Kind, vor allem mit internalisierenden Störungen (Colonnesi et al., 2011; Madigan et al., 2013).

Bei manchen psychischen Erkrankungen – zum Beispiel bei Persönlichkeitsstörungen – fällt es Eltern durchgehend schwer, angemessen auf die Bedürfnisse ihrer Kinder einzugehen. Andere psychische Störungen, die phasenhaft verlaufen, führen dazu, dass Elternteile zu manchen Zeiten ein verlässliches Erziehungs- und Beziehungsangebot machen können, in anderen Zeiten aber kaum zugänglich für die Bedürfnisse der Kinder sind. Zu denken wäre hier an wiederkehrende affektive Störungen oder psychotische Störungen.

Psychisch kranke Eltern fühlen sich in ihrem Alltag oft überfordert, auch das Elternsein und die damit verbundenen Verpflichtungen können ein zusätzlicher Stressfaktor sein, der die psychische Symptomatik verstärkt. Häufig erleben sie Gefühle von geringer Selbstwirksamkeit, Schuld und Versagen. In manchen Fällen erhöhen psychische Erkrankungen auch die Wahrscheinlichkeit, dass Eltern ihre Kinder in irgendeiner Form misshandeln.

Die Praxis und Forschung zeigt, dass psychisch kranke Eltern sehr häufig keine psychosozialen Unterstützungsangebote zum Beispiel durch das Jugendamt wahrnehmen, da sie Angst haben, dass ihnen die elterliche Sorge entzogen wird (Kölch & Schmid, 2008). Wenn sich psychisch kranke Eltern in psychiatrisch-psychotherapeutische Behandlung begeben, wird oft immer noch zu wenig auf das Wohl der Kinder durch die Behandler*innen geachtet. In den Kinderschutzleitlinien (AWMF, 2018) ist jedoch klar definiert, dass in Situationen, in denen Erwachsene krisenhaft in Behandlung aufgenommen werden oder sich in psychiatrischer Behandlung befinden, immer danach gefragt werden muss, ob der*die Patient*in für minderjährige Kinder Verantwortung trägt. Das Wohl der Kinder und deren Versorgung und Betreuung ist dann abzuklären und es sind ggf. Unterstützungsmöglichkeiten anzubahnen.

### 4.2.2 Wie häufig wachsen Kinder und Jugendliche mit einem psychisch- oder suchtkranken Elternteil auf?

Für Deutschland kann von ca. 3,8 Millionen betroffenen Kindern und Jugendlichen ausgegangen werden, die mit einem psychisch oder suchtkranken Elternteil aufwachsen (AWO et al., 2019).

Mattejat und Remschmidt (2008) kommen von den Versorgungsdaten der Psychiatrie zu der Schätzung, dass etwa 175 000 Kinder davon betroffen sind, dass ein oder beide Elternteile psychiatrisch stationär behandelt werden. Dies bedeutet, dass es sich hier um eine sehr große Gruppe an Kindern und Jugendlichen handelt.

### 4.2.3 Welche psychosozialen Folgen können auftreten?

Sicherlich kann man gut in Betracht ziehen, dass die Rahmenbedingungen des Aufwachsens für Kinder, bei denen beide Eltern – oder zumindest ein Elternteil – psychisch krank sind, stressreich und belastend sein können. Zum einen durch die durchgehend oder phasenweise gezeigten Verhaltensauffälligkeiten des Elternteils, die sich nicht mit einer adäquaten Versorgung und Bedürfnisbefriedigung der Kinder verbinden lassen. Wenn Eltern immer wieder stationär behandelt werden, entstehen auch immer wieder Beziehungsabbrüche.

Zum anderen ist die Situation für das gesunde Elternteil oft sehr herausfordernd, da sie*er ausgleichend agieren und häufig das Wohlergehen der Familie und die Versorgung der Kinder und des Haushaltes finanziell stemmen muss. Jüngere Kinder zeigen häufig Trennungs- und Verlustängste oder sind wütend, aggressiv. Jugendliche, die sich mit der Identitätsfindung beschäftigen, entwickeln oft Ängste, selbst an der Krankheit zu erkranken. Tatsächlich – so verdeutlicht die Datenlage – haben sie ein signifikant erhöhtes Lebenszeitrisiko, selbst eine psychische oder Suchterkrankung (bis zu 77 %), andere (unspezifische) Verhaltensauffälligkeiten oder sozial-emotionale Probleme zu entwickeln (40 bis 60 %) (Ravens-Sieberer et al., 2012). Dies soll exemplarisch an der Diagnose einer Depression bei einem Elternteil veranschaulicht werden.

In einer kürzlich publizierten Metaanalyse wurden mäßige Effektstärken[4] (r = .31) für den Zusammenhang zwischen depressiver Erkrankung und Bindungsstil bei einem Elternteil und bei Kindern und Jugendlichen gefunden (Spruit et al., 2020). Es gibt verschiedene Erklärungen für den Zusammenhang zwischen Bindungsstil und Depression: Das durch die Bindungserfahrungen mit den Hauptbezugspersonen früh erworbene kognitiv-affektive Schema organisiert die Identifikation, Interpretation, Einordnung und Bewertung von (bindungsbezogenen) Erfahrungen (Bosmans et al., 2007; Dozois & Beck, 2008). Durch wiederholte Erfahrungen damit, dass Hauptbezugspersonen nicht feinfühlig auf die Bedürfnisse der Kinder reagieren, können dysfunktionale kognitive Schemata über sich („Ich bin wertlos“) und andere („Niemand interessiert sich für mich“) ausgebildet werden. Außerdem erhöht eine frühe negative Eltern-Kind-Beziehung, die beispielsweise durch Misshandlungen in den ersten fünf Lebensjahren geprägt ist, das Risiko für die Entstehung einer Depression deutlich. Es wird davon ausgegangen, dass die, durch die Misshandlungen bedingten, andauernden stressreichen Erfahrungen des Kindes zu einer neuroendokrinen Dysregulation[5] führen, die ebenfalls mit depressiven und anderen internalen Auffälligkeiten des Kindes assoziiert sind (Masten & Cicchetti, 2010; Banasr et al., 2017). Darüber hinaus sagen sichere Bindungserfahrungen mit Hauptbezugspersonen die Qualität späterer sozialer Beziehungen voraus – bedeutsame, unterstützende Beziehungen puffern den Effekt von Stress auf Depressionen ab (Jaremka et al., 2014).

Allgemein kann festgestellt werden, dass die Auswirkungen auf das Kind weniger von der Art der Diagnose der Eltern, sondern vom Verlauf, dem Schweregrad, der Chronizität und dem Beginn der Erkrankung im Entwicklungsverlauf des Kindes oder dem*der Jugendlichen sowie der individuellen bzw. familiären Bewältigung abhängig sind (Christiansen, Anding & Donath, 2014; Kölch, Ziegenhain & Fegert, 2014; Wiegand-Grefe et al., 2019; Kölch et al., 2019).

---

4 Der Korrelationskoeffizient r gibt als Maß des Zusammenhangs die Effektstärke an. Nach Cohen (1988, S. 82) gelten Zusammenhänge unter r = .10 als unbedeutend, ab r = .30 als mittel und ab r = .50 als groß.

5 Neuroendokrine Dysregulation bedeutet, dass eine Fehlsteuerung von Hormonen oder Neurosekreten im Körper stattfindet.

### *Praxistipp*

Die Konstellation der vorliegenden Risiko- und Schutzfaktoren (siehe Kapitel 3) sollten in solchen Fällen analysiert werden. Dabei sollte auch eine Einschätzung erfolgen, in welchem Ausmaß sich die psychische Erkrankung des Elternteils in welcher Form auf das Kind auswirken könnte. In dem Fallbeispiel „L." wurde beispielsweise verdeutlicht, dass die Mutter aufgrund der Abhängigkeit von Beruhigungstabletten zwar grundlegend liebevoll die Kinder versorgte, dies aber wenig zuverlässig und berechenbar für die Kinder war. Darüber hinaus machte sich L. Sorgen um die Mutter, weil sie aus ihrer kindlichen Perspektive heraus die Bedeutung von Tablettenkonsum auf das Verhalten nicht einordnen konnte. Sie hatte Angst, dass die Mutter körperlich krank ist und stirbt. Darüber hinaus erlebte sie immer wieder, dass die Mutter nicht verlässlich ist.

Als problematisch hat sich erwiesen, wenn die Erkrankung der Eltern tabuisiert wird. In solchen Fällen entstehen bei den Kindern Gefühle von Einsamkeit oder Entfremdung, manchmal auch Schuld und Scham (Lenz & Jungbauer, 2008). Der Alltag für Kinder psychisch- oder suchtkranker Eltern ist auch dadurch erschwert, dass sie manchmal aufgrund der Erkrankung des Elternteils stigmatisiert werden oder weniger intensive Kontakte zu Gleichaltrigen pflegen können, weil die Eltern sie hierin zu wenig unterstützen (können), Kinder aber auch oft Freund*innen aufgrund der Erkrankung nicht mit nach Hause bringen wollen.

### *Rückbezug zum Fallbeispiel*

Der 6-jährige T. erlebt das wechselhafte Verhalten seines Vaters und den Stress, den die Mutter in der Alltagsbewältigung häufig zeigt. Kinder mit sechs Jahren sind noch nicht ausreichend in der Lage, weitreichend zu denken und Geschehnisse in einen größeren Zusammenhang einzuordnen. T. lebt noch sehr im Hier und Jetzt, ist von der Versorgung durch die Eltern und die durch sie angebotene Beziehung abhängig. Er erlebt unmittelbar Gefühle von Stress und Traurigkeit im Haus, manchmal aber auch eine unglaubliche Energie, die vom Vater ausgeht. Für ihn ist dies nicht berechen- oder vorhersehbar. Manchmal ist der Vater dann abwesend, teilweise wird er vom Krankenwagen abgeholt. T. übernimmt ganz automatisch eine Versorgerrolle und versucht, die Mutter zu entlasten und sich um die Geschwister zu kümmern. Gleichzeitig ist er immer mehr verunsichert, entwickelt Trennungs- und Verlustängste.

Die Mutter handelt mit Unterstützung der Erzieherin fürsorglich und hilfreich, indem sie T. die Erkrankung des Vaters erklärt, sie ihm Geborgenheit und Schutz zusichert und für einen Alltagsrahmen sorgt, der verlässlich und konstant ist und sie auch entlastet.

## 4.3 Trennung und Scheidung: Was sollten Fachpersonen wissen?

***Fallbeispiel***

Die 9-jährige M. wohnt seit drei Jahren nach erfolgter Trennung und Scheidung der Eltern bei der Mutter in einer Mietwohnung. Die Mutter hat keine neue Partnerschaft, sie ist ganztägig berufstätig. M. ist nach der Schule im Hort untergebracht. Der Sozialpädagogin dort erzählt M.:

> „Seit der Trennung meiner Eltern lebe ich bei meiner Mutter, jedes zweite Wochenende soll ich bei meinem Vater verbringen. Mein Vater lebt bereits seit der Trennung mit einer Freundin zusammen. Vor einem Jahr haben mein Vater und die Stiefmutter geheiratet, vor sechs Monaten ist meine Halbschwester auf die Welt gekommen. Ich mag Papa sehr gerne und möchte ihn auch sehen. Meine Stiefmutter sehe ich kaum, wenn ich dort bin, vielleicht mag sie mich gar nicht. Meine Eltern sprechen nicht miteinander, die regen sich immer nur über den anderen auf. Das ist echt blöd für mich. Ständig soll ich etwas entscheiden oder Informationen weitergeben. Das stresst. Blöd finde ich auch, dass meine Stiefmutter ganz böse über Mama spricht. Auf meine Schwester habe ich mich gefreut, aber irgendwie will meine Stiefmutter jetzt nicht mehr, dass ich komme. Papa kann ich nur noch an einem Nachmittag draußen sehen. Ich bin echt traurig. Wenn Mama versucht, ihn darauf anzusprechen, dann schreit Papa sie gleich an".

### 4.3.1 Worum geht es? Eine Gegenstandsbestimmung

Für die meisten Kinder entsteht durch die Trennung der Eltern zunächst eine stressreiche Situation, in der das gewohnte Leben tiefgreifende Veränderungen erfährt. Manchmal ist eine Trennung mit einem Umzug verbunden, dann gilt es auch, sich an eine neue soziale Umgebung zu gewöhnen, da Trennungen von Freund*innen oder einem vertrauten schulischen Umfeld erfolgen. Gravierend ist meist auch, dass der Kontakt zu einem Elternteil nicht mehr selbstverständlicher Bestandteil des Alltags ist, sondern nur in begrenzten und festgelegten Zeiträumen stattfindet. Auch der Geld- und Zeitaufwand, den Rechtstreitigkeiten mit sich bringen, können zu einem erhöhten Stresserleben der Elternteile und indirekt der Kinder führen. In vielen Fällen müssen Eltern nach einer Trennung mehr arbeiten, sodass sie weniger Zeit für die Kinder haben, obwohl diese viel Zuwendung und Halt benötigen.

Wenn Kinder jedoch nachhaltig merken, dass sie ihren Eltern emotional wichtig sind und trotz aller Schwierigkeiten, die mit der Trennung verbunden sind, im Zentrum der Aufmerksamkeit der Eltern stehen, können sie sich an diese neue Situation anpassen. Ihre Situation unterscheidet sich dann nach anfänglichen Anpassungs- und Konfliktzeiten eigentlich nicht von Kindern, deren Eltern noch zusammenleben (Buysse et al., 2011). Relevant ist, dass Kinder sehr unter Streitigkeiten von Eltern leiden, egal ob diese zusammenleben oder nicht. Wenn Eltern sich aus einer konflikthaften Partnerschaft trennen, so stellt sich das langfristig als positiv für die Entwicklung der Kinder dar (Walper, 2009; Amato & Keith, 1991). Exemplarisch sei eine Längsschnittstudie an 137 Kindern genannt, deren Wohlbefinden dann am niedrigsten war, wenn Eltern trotz erheblicher chronischer Konflikte zusammenblieben. In derselben Studie lässt sich jedoch auch bei den Kindern aus stark konfliktbehafteten Familien, bei welchen sich die Eltern scheiden ließen, unmittelbar nach der Trennung ihrer Eltern keine Verminderung ihrer Verhaltensprobleme erkennen. Ein Erholungseffekt ist auch hier erst nach einer gewissen Zeit zu erwarten und abhängig von einer effektiven Abnahme der elterlichen Konflikte, welche mitunter auch nach der Scheidung weiterbestehen können. Die meisten Trennungen (ca. 70 %) – das ist die gute Botschaft – verlaufen relativ positiv. Die Eltern finden Regelungen, die die Lebensqualität beider Elternteile und die der Kinder kaum beeinträchtigen (z. B. Sprangers, Steenbrink & de Graaf, 2008).

Kinder müssen sich auch häufig an neue Familienmitglieder durch neue Partnerschaften der Eltern und ggf. das Hinzukommen von Halb- oder Stiefgeschwistern gewöhnen. Rollen müssen neu definiert werden und die Kinder müssen sich in neue Familienstrukturen und Normen einfinden. Manchmal leben Kinder in „zwei Welten", indem sie sich sowohl an die Lebenswelt der Mutter und des Vaters anpassen.

Grundsätzlich lassen sich Scheidungsfamilien in folgende Typen einteilen:

- *Kooperative, hochfunktionale Familien:* Hohe Kooperation bei niedrigem Konflikt
- *Familien im Mittelbereich:* Kooperation bei gemäßigtem Konflikt
- *Parallele Elternschaft:* Beide Eltern sind involviert bei geringer Kooperation und niedrigem Konflikt
- *Belastete Familien:* Hohes Konfliktniveau bei geringer Kooperation

Charakteristisch für hochstrittige Familien ist es, dass Feindseligkeiten, Schuldzuweisungen, emotionale Instabilität, mangelnde Empathie, das Unvermögen der Partner*innen, für ihren Anteil der Streitigkeiten Verantwortung zu übernehmen, den Alltag dominieren (Anderson et al., 2010). Es entsteht häufig ein sogenannter „Tanz des Konflikts" der aus Schuldzuweisungen, Kritik, Mangel an Empathie, emotionaler Reaktivität, Angriff und Gegenangriff besteht (vgl. Middelberg, 2001).

In Trennungskonflikte verwickelte Eltern haben oftmals kein Gefühl dafür, wie dies auf die Kinder wirkt bzw. sie verlieren deren Bedürfnisse aus dem

Blick, überfordern sie mit Informationen, die die Kinder verwirren oder verstören. Wenn Eltern dies sehr unreflektiert und langanhaltend durchführen, kann man hierbei von einer Kindesmisshandlung sprechen (Dalton, Carbon & Olesen, 2003; van Lawick & Visser, 2017). Zu Tage treten in manchen Eltern-Kind-Interaktionen Formen emotionaler Kindesmisshandlung (z. B. Erniedrigung, verbale Gewalt, Einschüchterung, Drohung, Ablehnung) und emotionaler Vernachlässigung (z. B. unzureichende Beaufsichtigung, Unvermögen, emotionalen Schaden vom Kind abzuwenden, unzureichendes Eingehen auf die Bedürfnisse des Kindes). Manchmal werden Kinder auch Zeug*innen von Streit oder sogar Gewalt zwischen den Eltern.

***Praxistipp***

Wenn Sie mit Eltern, die sich getrennt haben, und deren Kinder arbeiten, dann sollten Sie immer erfragen, wie lange die Trennung zurückliegt. Als normalen Anpassungsprozess kann bewertet werden, wenn Elternteile zunächst (im ersten Jahr nach der Trennung) Konflikte haben. Es ist oft hilfreich, die spezifischen Ängste der Elternteile zu erfassen, um ihre Reaktionen und Handlungen besser zu verstehen. Viele Elternteile haben finanzielle sowie existenzielle Ängste durch die Trennung oder Angst, ihre Kinder zu verlieren. Diese Ängste kommen häufig zu einer Verarbeitung von emotionalen Verletzungen und einem Verlustgefühl bezüglich der Partnerschaft hinzu. Das heißt, dass Elternteile einen sehr anspruchsvollen Bewältigungsprozess durchlaufen. Teilweise erfolgen hier noch rechtliche Klärungen zwischen den Partner*innen. Das bedeutet, dass Konflikte im ersten Jahr bzw. bis zur Klärung und erfolgter grundlegender Umorientierung (z. B. neue Wohnung und Betreuungssituationen) normal sind (ausgenommen davon sind natürlich sehr massive Konflikte, z. B. mit körperlichen Auseinandersetzungen). Erst wenn diese anhalten, sind sie als auffällig und kritisch einzustufen und den Elternteilen spezielle Hilfe zur Verarbeitung zu empfehlen.

Als Fachpersonen können Sie Elternteile darin unterstützen, die Ebenen zu trennen:

- Was benötigt das Kind/die Kinder, um die Situation gut zu bewältigen (hier Fokus auf die Erfüllung der Grundbedürfnisse trotz Trennung)?
- Welche Verletzungen und Unklarheiten sind auf der Paar-Erwachsenen-Ebene vorhanden?

Das ist ein sehr komplexes Unterfangen und für Elternteile sehr anspruchsvoll. Es kann helfen, diese unterschiedlichen Situationen und Konstellationen bildhaft zu erarbeiten und mit den Elternteilen einzuüben, woran sie merken, auf welcher Ebene sie sich befinden und welche Verhaltensweisen hier sinnvoll und notwendig sind. Diese Bilder sind dann für Elternteile am hilfreichsten, wenn sie mit ihnen erarbeitet werden. Sie werden individuell unterschiedlich ausfallen. Ein Beispiel könnte sein, dass eine Mutter das Bild hat, dass die Verhaltensweisen des Vaters den Kindern grundsätzlich guttun (z. B. er ist präsent, versucht, eine Bindung zwischen den Kindern und seiner neuen Partnerin aufzubauen). Bildhaft könnte sich die Mutter dies wie eine Blumenwiese vorstellen, die bepflanzt wird. Die Verhaltensweisen des Vaters verletzen die Mutter jedoch sehr, da er sie mit dieser Partnerin jahrelang hintergangen hat. Vorstellbar wäre ein Baum neben der Blumenwiese als Symbol für das Erleben der Mutter. Das Bepflanzen des Gartens der Kinder führt zunächst zu einer Bedrohung des Baumes. Die Mutter kann in einer Imagination einüben, Verhaltensweisen und Erlebnisse diesen Bildern zuzuordnen und für sich erarbeiten, wie ihr „Baum" stark und geschützt bleibt, selbst wenn der Garten der Kinder bepflanzt wird (z. B. dass sie versucht, möglichst wenig Kontakt mit dem Vater zu haben oder aber die Partnerin kennenzulernen).

### 4.3.2 Wie häufig sind Kinder und Jugendliche von Trennung und Scheidung der Eltern betroffen?

Allgemein werden in Deutschland 35 Prozent aller geschlossenen Ehen wieder geschieden, dazu kommen noch die Partnerschaften bzw. Lebensgemeinschaften, die ohne Trauschein eine Familie gegründet haben. Nach dem Statistischen Bundesamt sind 2020 149 010 Scheidungen erfolgt (Destatis, 2020). 2017 waren 123 000 Kinder in Deutschland von der Scheidung der Eltern betroffen.

Bei der bereits an mehreren Stellen zitierten bevölkerungsrepräsentativen Studie zum Erleben belastender Kindheitserfahrungen in Deutschland wurde deutlich, dass viele der Befragten (19,4 %) eine Trennung bzw. Scheidung der Eltern erlebt haben (vgl. Witt et al., 2019), wobei die Trennung oder Scheidung an sich zwar als belastendes Ereignis gilt, die Verarbeitung jedoch sehr unterschiedlich sein kann (siehe zuvor genannte Chance durch Trennung bei konfliktreichen Beziehungen; Ressourcen der Verarbeitung).

In Deutschland wird die Scheidung vor Gericht vollzogen und der Versorgungsausgleich durchgeführt. Umgangsregelungen und Kindesunterhaltsregelungen werden dabei nicht getroffen. Bei 30 Prozent der Trennungen verläuft dies hochstrittig (Fichtner et al., 2010).

### 4.3.3 Welche psychosozialen Folgen können auftreten?

Streitigkeiten für einen begrenzten Zeitraum nach der Trennung und ein Anpassungsprozess der Eltern sind als völlig normal einzuschätzen, da Eltern und Kinder ihr Leben und ihre Lebensperspektiven neu ordnen müssen.

In einer von Amato und Keith (1991) durchgeführten Meta-Analyse zur

Frage der Scheidungsfolgen bei Kindern, in die 92 internationale Studien (mit einer Gesamtstichprobe von 13 000 Kindern) eingingen, konnte gezeigt werden, dass sich Scheidungskinder von Nicht-Scheidungskindern in sieben untersuchten Bereichen signifikant unterscheiden:

- Geringere schulische Leistungen
- Sozialverhalten
- Emotionales Befinden
- Negatives Selbstbild
- Soziale Anpassung
- Dysfunktionale Mutter-Kind-Beziehung
- Dysfunktionale Vater-Kind-Beziehung

Die Unterschiede zwischen Scheidungskindern und Nicht-Scheidungskindern fielen jedoch gering aus. Interessant ist, dass die Verschlechterung der Vater-Kind-Beziehung die stärkste Effektstärke aufweist, auch wenn dieser Effekt statistisch gesehen ebenfalls als eher schwach zu bezeichnen ist. Dieses Problem reflektiert sich auch in der Anzahl der Väter, welche angeben, seit der Scheidung keinen oder nur noch sehr seltenen Kontakt zu ihren Kindern zu haben. So zeigt sich, dass im Laufe von fünf Jahren nach der Scheidung fast ein Viertel der Väter keinen Kontakt mehr mit ihren Kindern hat. Bemerkenswert ist auch die Stabilität der Effekte zwischen 1991 und 2001 (vgl. Amato, 2001).

Typische emotionale Reaktionen auf die Trennung und die damit verbundenen Konflikte von Kindern sind Kummer, Angst, Wut und Ohnmachtsgefühle. Die meisten Kinder erholen sich nach einer Scheidung und etliche zeigen gar keine negativen Folgen. Teilweise dauert das ca. zwei bis drei Jahre (Walper & Langmeyer, 2019; Walper, Entleiter-Phlebs & Langmeyer-Tornier, 2020). Je heftiger und andauernder die Trennungskonflikte jedoch sind, umso gravierender sind die psychosozialen Folgen von Kindern und Jugendlichen (Amato, 2001, van Lawick & Visser, 2017).

Jungen, so zeigt sich in Studien, haben eine schlechtere Anpassung als Mädchen, da infolge der Scheidung oft die Beziehung zum Vater eingeschränkt ist oder abgebrochen wird. Für Jungen ist aber gerade die Auseinandersetzung mit dem Vater wichtig. Dabei ist nicht die Kontakthäufigkeit zum Vater für ein positives Empfinden entscheidend, sondern dessen Engagement auch nach der Scheidung. Je besser sich die Väter weiterhin für die Kinder engagieren, desto günstiger ist auch ihre Anpassung und längerfristig angemessene Entwicklung.

Ein wichtiger Befund ist zudem die Erkenntnis, dass es auch eine „gute" Scheidung geben kann, dann nämlich, wenn durch die Scheidung der Eltern chronischen Konflikten ein Ende gesetzt wird und damit den Kindern ein günstigerer Kontext für eine gesunde Entwicklung geboten wird. Scheidung bleibt jedoch in den meisten Fällen ein markant einschneidendes Ereignis, das seitens der Partner*innen wie auch der Kinder hohe Adaptationsleistungen erfordert.

*Rückbezug zum Fallbeispiel*

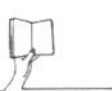

Im Fallbeispiel der 9-jährigen M. erfolgte die Trennung und Scheidung der Eltern, als sie sechs Jahre alt war. Die Eltern hatten eine konfliktreiche Beziehung, weshalb es für M.s Entwicklung grundsätzlich positiv sein kann, wenn sie diesen Konflikten nicht weiter ausgesetzt ist. Als positiv ist sicherlich zu werten, dass der Vater ein klares und nachhaltiges Interesse an seiner Tochter zeigt und verlässliche Kontakte stattfinden.

Belastend für M. ist jedoch, dass die Eltern keine Kommunikationsmöglichkeiten auf Erwachsenenebene gefunden haben und sie instrumentalisieren. Die Eltern überfordern M. dadurch und bringen sie häufig in Loyalitätskonflikte. Diese entstehen auch, wenn sich zum Beispiel die Stiefmutter negativ über ihre Mutter äußert. M. hat zudem immer wieder Schuldgefühle, weil sie merkt, dass durch sie übermittelte Informationen und Botschaften bei der Mutter bzw. beim Vater zu Ärger und negativer Emotionalität führen.

Emotional belastend ist es für M., dass die Stiefmutter keinen guten Kontakt zu ihr herstellen kann. Als sie sie nach der Geburt des eigenen Kindes nicht mehr im Haus haben will, fühlt sich M. ausgestoßen und hilflos, hat Angst, den Vater zu verlieren. M. reagiert konstruktiv, indem sie dies der Mutter gegenüber äußert, die M. trösten kann. Sie versucht, die Situation für M. zu verbessern, dies gelingt jedoch aufgrund der schwierigen Beziehung zum Vater und der Stiefmutter nicht.

## 4.4 Medien und Mediensucht: Was sollten Fachpersonen wissen?

Das Thema Medien und Mediensucht ist Teil dieses Buches, da elektronische Medien zwar per se keine grundlegende Gefährdungssituation darstellen, der Alltag von Kindern und vor allem Jugendlichen jedoch stark von Medien bestimmt wird und potenzielle Gefahren und Belastungssituationen dadurch entstehen können. Diese sollen im Folgenden veranschaulicht werden.

*Fallbeispiel*

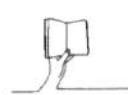

Die alleinerziehende Mutter des 14-jährigen N. und seiner 11-jährigen Schwester hat vor einiger Zeit eine Hilfe zur Erziehung beim Jugendamt beantragt, die nun bewilligt wurde. Frau M., die Sozialpädagogische Familienhelferin, stellt sich der Familie vor. Beim Gespräch ist auch der Partner der Mutter anwesend, der aber nicht in der Familie lebt, sondern eine eigene Wohnung hat. Die Mutter berichtet Frau M.:

„Es wird immer schwieriger im Zusammenleben in unserer Familie. Beide Kinder hören nur wenig auf mich. Ich kann mich nicht durchzusetzen. Sehr belastend ist, dass N. seit gut zwei Jahren exzessiv Computer spielt. Er kehrt Tag und Nacht um, oft geht er nicht in die Schule. Während er früher Fußball gespielt und Freunde getroffen hat, sitzt er jetzt fast nur noch vor dem Computer, hat nur noch virtuelle Freunde. Seine Schulleistungen sind deutlich schlechter geworden. Wenn ich versuche, ihn dazu zu bewegen aufzuhören, wird er verbal ausfällig. Er hat mich auch schon körperlich angegriffen, als ich versucht habe, den Laptop aus dem Zimmer zu nehmen. Ich weiß mir keinen Rat mehr. Auch meine Tochter nutzt die Medien zu viel, sie hängt ständig im Zimmer rum, um irgendwelche Sachen auf ihrem iPhone zu machen. Ich kenne mich damit nicht aus, die Kinder haben all die elektronischen Geräte vom Vater bekommen. Dieser wohnt im Ausland, schickt aber immer wieder teure Geschenke. Ich will den Kindern die Medien nicht wegnehmen, diese gehören dazu, aber es ist einfach zu viel. Bei N. fürchte ich auch, dass er seinen Schulabschluss so nicht schaffen kann, er hat schon Verweise wegen Fehlzeiten bekommen".

### 4.4.1 Worum geht es? Eine Gegenstandsbestimmung

Elektronische Medien gehören inzwischen ganz selbstverständlich zum Alltag fast aller Menschen. In regelmäßigen Abständen erhebt der „Medienpädagogische Forschungsverbund Südwest" den Stellenwert der Medien im Alltag von Kindern (6 bis 13 Jahre) und Jugendlichen (12 bis 19 Jahre). Deutlich wurde in der Kinder-Medienstudie (Medienpädagogischer Forschungsverbund Südwest, 2018), dass die Digitalisierung auch in Familien mit Kindern weit vorangeschritten ist. Fast alle Kinder (98 %) haben potenziell die Möglichkeit, zu Hause das Internet zu nutzen. Während nur zwei Drittel aller 6- bis 13-Jährigen nach eigenen Angaben zu den Internetnutzer*innen gehören, sind es bei der Teilgruppe der 12- bis 13-Jährigen aus der Stichprobe der befragten Kinder bereits 94 Prozent. Genutzt werden die Medien sowohl privat wie auch für schulische Zwecke.

Im Rahmen der Schulschließungen aufgrund der Corona-Pandemie 2020/2021 bekamen die Medien noch einmal einen höheren Stellenwert (Medienpädagogischer Forschungsverbund Südwest, 2020). Einer Studie (ZDF Presseportal, 2020) zufolge verbrachten die Jugendlichen nach eigenen Angaben mehr Zeit als vorher mit YouTube-Videos (82 %), Musikhören (78 %), Streaming-Diensten (71 %), Fernsehen (54 %), Spazierengehen und Lernen (je 52 %). Dies zeigt sich auch in den Nutzungszeiten: Im Schnitt verbrachten Jugendliche pro Tag etwa zwei Stunden mit Lernen (121 Min.) und Streaming-Diensten (114 Min.). Musikhören (100 Min.), YouTube-Videos (92 Min.)

und Fernsehen (70 Min.) wurden ebenfalls intensiv genutzt. Der Kontakt zu Freund*innen erfolgte bei fast allen Jugendlichen via Messenger, zum Beispiel WhatsApp (90 %). Immerhin fast jede*r Zweite nutzte das Telefon (48 %), jede*r Dritte tauschte sich über Computerspiele bzw. Teamspeak (36 %) oder Videochats (34 %) aus, jede*r Vierte nutzte spezielle Apps wie beispielsweise „Houseparty", um in Kontakt zu bleiben. Mit den Großeltern oder älteren Verwandten wurde überwiegend telefoniert (69 %), knapp die Hälfte nutzte Messenger (46 %), Videochats waren für 15 Prozent eine Option und 18 Prozent besuchten einander, ohne hierbei direkten Kontakt zu haben. Insgesamt zeigt sich, dass die Jugendlichen mit der aktuellen Situation auf ihre „privaten" Erfahrungen mit digitaler Kommunikation zurückgreifen können und zumindest nach eigenen Angaben mit der aktuellen Schulsituation meist gut zurechtkommen.

Deutlich wird anhand dieser Daten, dass Medien und Mediennutzung zum Leben der Kinder und Jugendlichen dazugehören. Computer-, Video- und Mobilspiele werden in der letzten Dekade zunehmend genutzt, da sie sich rasch verbreiteten, leichter verfügbar (z. B. durch Onlineshops) und zugänglich sowie leichter zu bedienen sind. Darüber hinaus ist eine einfache Installation auf Endgeräten wie Smartphones und Spielekonsolen möglich (Mikusky & Abler, 2021). Zum Problem wird dies dann, wenn „gefährliches Verhalten" in den Medien gezeigt wird oder die Medien exzessiv genutzt werden. Zunächst richtet sich der Fokus auf aggressive oder bedrohliche Verhaltensweisen im Zusammenhang mit der Mediennutzung. In Tabelle 3 (nächste Seite) ist eine Vielzahl solcher Verhaltensweisen dargestellt.

Kinder und Jugendliche sind immer dann in Gefahr, Opfer von solchen aggressiven oder bedrohlichen Verhaltensweisen im Netz bzw. in den Medien zu werden, wenn sie viel Zeit mit ihnen verbringen und rasch persönliche Informationen und Details herausgeben, auch an Unbekannte.[6] Darüber hinaus wird die Mediennutzung problematisch, wenn eine nicht-stoffgebundene Sucht entsteht. Es lassen sich verschiedene Süchte unterteilen:

**Gaming Disorder** (ICD-10, ICD-11 und DSM-5): Kontrollverlust bezüglich der Videospielnutzung, Priorisierung der Videospiele gegenüber anderen Lebensbereichen, Fortsetzung trotz gravierender Nachteile.

*Merkmale:* Gedankliche Vereinnahmung, Entzugserscheinungen (Reizbarkeit, Ängstlichkeit, Traurigkeit), Toleranzentwicklung, Kontrollverlust, Interessensverlust, negative Konsequenzen, Heimlichkeiten, dysfunktionale Emotionsregulation, Brüche im Lebensweg.

6 Auf die Problematik des Cybermobbings wird in Kapitel 4.5. ausführlich eingegangen.

| | |
|---|---|
| Ausschluss | Ausschluss aus „in groups“ und Löschen aus Gruppen bzw. Freundeslisten |
| Belästigung/Beleidigungen | Wiederholt anstößige Nachrichten, wobei Außenstehende davon überzeugt werden, sich zu beteiligen |
| Verleumdung | Texte, Ton und Bilder, die schädlich bzw. unwahr sind mit dem Ziel, Ruf bzw. Freundschaften zerstören |
| Identitätsdiebstahl | Der*Die Täter*in verschafft sich Zugang zum Account des Opfers, gibt sich als dieses aus, um Material zu versenden bzw. zu veröffentlichen, das ein negatives Licht auf das Opfer wirft und dessen Ruf bzw. Freundschaften zerstört |
| Verrat/Betrug | Öffentliches Posten bzw. Versenden von persönlichen Informationen und Täuschen im Rahmen von Freundschaft |
| Cyberstalking | Wiederholte, anstößige, einschüchternde Nachrichten, Drohungen, Erpressung, Verleumdung und Identitätsdiebstahl, meist aufgrund von Beziehungswünschen oder einer gescheiterten Beziehung |
| „Happy Slapping“ | Spontanes Zugehen auf fremde Personen, schlagen, filmen und Videos von schweren Schikanen |
| Hatespeech | Der „Hass“ richtet sich gegen ganze Gruppen (auch wenn Vertreter*innen und Fürsprecher*innen dieser Gruppen mitunter einzeln und persönlich angegriffen werden), kann gezielt von Gruppierungen ausgehen, die zum Beispiel rassistische Botschaften verbreiten wollen |
| Cybercrime | Internetkriminalität, zum Beispiel Kreditkartenbetrug oder Virenangriffe |
| Cybergrooming | Gezieltes Ansprechen von Personen im Internet mit dem Ziel der Anbahnung sexueller Kontakte |
| Shitstorm | Massenhafte öffentliche Entrüstung mit einem Kommunikationsmedium, zum Teil beleidigende Äußerungen |
| „Photo-Shopping“ | Verwendung moderner Bildbearbeitungssoftware, Fotos retuschieren (z. B. zum Erstellen einer pornographischen Abbildung) und versenden mit dem Ziel der Verleumdung oder Bedrohung, Belästigung bzw. Cyberstalking |

Tabelle 3: Überblick über verschiedene aggressive Verhaltensweisen in den elektronischen Medien

**Pathologisches Spielen** (Glückspiel) (enthalten in allen Diagnosesystemen): Gedankliche Vereinnahmung durch Glücksspiel, Chasing = Rückkehr zum Glückspiel, um Verluste auszugleichen.

*Merkmale:* Toleranzentwicklung, Unruhe und Reizbarkeit beim Versuch aufzuhören, Gedankliche Vereinnahmung, belastende Gefühlszustände (z. B. Hilflosigkeit, Schuldgefühle, Angst, depressive Stimmung), Heimlichkeiten, Gefährdung und Verlust von Beziehungen.

**Internetabhängigkeit:** Die Videospielabhängigkeit ist eine Unterform der Internetabhängigkeit, zu ihr zählen noch exzessives Nutzen von sozialen Netzwerken, Internetpornographie, Online-Kaufsucht, Surfen und Downloaden.

*Merkmale:* Zwanghafter Drang, sich ins Internet einzuloggen, sozialer Rückzug, Kontrollverlust, reduzierte Leistungsfähigkeit, Reizbarkeit oder Niedergeschlagenheit, wenn der oder die Betroffene nicht online ist, Bagatellisieren oder Verheimlichen des Ausmaßes des Internetkonsums.

Bei diesen Verhaltensweisen spricht man von Verhaltenssüchten, die auf der neurobiologischen Ebene viele Ähnlichkeiten zu den stoffgebundenen Süchten aufweisen (Weinstein & Lejoyeux, 2010). Dopamin wird bei den Verhaltenssüchten durch exzessiv ausgeführte Verhaltensweisen freigesetzt. Dieses hat auf das Individuum eine verstärkende Wirkung. Die Entstehung und Aufrechterhaltung von den oben genannten problematischen Formen der exzessiven Mediennutzung kann mithilfe des „Interaction of Person-Affect-Cognition-Execution-Modells“ (I-PACE-Modell; Brand et al., 2016, 2019) erklärt werden. Postuliert wird in diesem Modell, dass ausgehend von individuellen und allgemeinen Vorbedingungen (z. B. Genetik, frühe Kindheitserfahrungen, dysfunktionale Coping-Stile) der Suchtprozess im Anfangsstadium durch das Belohnungserleben beim Spielen begünstigt wird. Die Betroffenen entscheiden sich zu spielen, da sie in Bezug auf das Spielen zum Beispiel positive Einstellungen haben (z. B. „Spielen macht Spaß“, „Alle spielen“, „Ich möchte mich auch auskennen“). Diese lösen spezifische kognitive („Ich mache das super!“) und affektive Reaktionen (positive Gefühle) aus. Die Computerspiele sind so angelegt, dass Spieler*innen relativ rasch Erfolgserlebnisse haben und diese ganz unmittelbar durch Reize (z. B. Signale) verstärkt werden. Mit der Zeit lässt der Belohnungseffekt nach, das Spielen wird zur Gewohnheit. Da die inhibitorische Kontrolle immer mehr reduziert wird, spielen Personen auch in Situationen, in denen das Spielen unangebracht oder schädigend ist (z. B. ein Jugendlicher spielt bis früh morgens und kann dann nicht in die Schule gehen). Dadurch werden sie immer mehr mit den negativen Folgen ihres Spielens in der realen

Welt konfrontiert (z. B. ein Jugendlicher bekommt einen Schulverweis), was sie wiederum durch Computerspielen kompensieren.

Wie bei den stoffgebundenen Süchten, löst im späten Stadium der Sucht allein der Anblick eines Computers Reaktionen aus, die das Spielen aufrechterhalten: zum Beispiel „Craving" oder das Bedürfnis, negative Emotionen loszuwerden. Es entsteht ein negativer Teufelskreis aus Kompensation von negativem Affekt und exzessivem Computerspielen.

Dieser Suchtprozess kann auch in bildgebenden Verfahren abgebildet werden: Sensibilisierung des dopaminergen Belohnungssystems, insbesondere des ventralen Striatums (Berridge & Robinson, 2016); Habituierungsprozesse, abgebildet durch eine Verschiebung des Aktivierungsmusters vom ventralen zum dorsalen Stratum hin (Starcke et al., 2018); Ungleichgewicht zwischen den reaktiven, aktivierenden und dem reflektiven, inhibierenden, Netzwerk wird angenommen, bei dem das reaktive Netzwerk dominiert (Weinstein et al., 2017).

Weitere Erklärungs- und Aufrechterhaltungsmodelle (z. B. Translationsmodell für psychotherapeutische Interventionen bei Internet- und Computerspielabhängigkeit, Lindenberg, Kindt & Szász-Janocha, 2020; Integratives Prozessmodell der Internetsucht, Müller & Wölfling, 2017) haben ähnliche Erklärungen für das Entstehen der Problematik, auch hier geht man von ungünstigen Bewältigungsmechanismen von Stress und Belastungen aus.

***Praxistipp***

Aufbauend auf den oben genannten Erklärungsmodellen sollte mit Jugendlichen vor allem an einer Veränderung dysfunktionaler Kognitionen, der Stärkung von Problemlösekompetenzen, einer verbesserten Emotionsregulation und dem Aufbau förderlicher Aktivitäten gearbeitet werden. Zur Löschung des Suchtverhaltens ist eine Abstinenz und Verhaltenssubstitution relevant.

### 4.4.2 Wie häufig tritt Mediensucht bei Kindern und Jugendlichen auf?

Es zeigen sich große Schwankungen bezüglich der Prävalenzen für die einzelnen problematischen Verhaltensweisen im Zusammenhang mit den Medien in Abhängigkeit vom kulturellen Hintergrund. Eine Metaanalyse mit Jugendlichen und jungen Erwachsenen, die 50 Studien einschloss, ergab Prävalenzen zwischen 0,7 bis 27,5 Prozent (Mihara & Higuchi, 2017). In einer repräsentativen Studie in sieben europäischen Ländern erfüllten 1,6 Prozent der Befragten die Kriterien der „Internet Gaming Disorder" nach DSM-5 (Wang, Yin & Sun, 2015). Nur bei einem Teil entstehen durch die Nutzung jedoch Beeinträchtigungen der Teilhabe (King & Potenza, 2019). Eine große deutsche Studie

(Bischof et al., 2013) ermittelte für die Internetabhängigkeit 14- bis 16-Jähriger eine Prävalenz von 4 Prozent. Für die Gaming Disorder werden meist Häufigkeitsangaben von 0,5 bis 9 Prozent gegeben.

In der regelmäßig durchgeführten Jugendmedienstudie (JIM-Studie, 2019) zeigten sich bei den 12- bis 19-Jährigen, dass 13 bis 25 Prozent von aggressiven Verhaltensweisen in den Medien (z. B. beleidigt werden) betroffen waren.

### 4.4.3 Welche psychosozialen Folgen können auftreten?

Kinder und Jugendliche, die mit aggressiven Verhaltensweisen über die Medien in Berührung kommen, zeigen unterschiedliche Reaktionen. Diese reichen von Wut und Ärger über Angst bis zu Gefühlen der Gefühllosigkeit. Relevant ist natürlich, wie kompetent Kinder und Jugendliche reagieren und ob sie soziale Unterstützung einholen.

Wenn sich Kinder und Jugendliche durch Kommunikationspartner*innen täuschen und ggf. zu gefährlichem Verhalten verleiten lassen (siehe Cybergrooming), so kann dies gravierende Folgen nach sich ziehen. Wichtig ist auch, dass sich Kinder, aber vor allem Jugendliche im Sinne von Medienkompetenz mit rechtlichen Gegebenheiten der Mediennutzung auskennen. Verschiedene Handlungen sind beispielsweise Strafdelikte, wie zum Beispiel Fälschen von Identität oder Bedrohen.

Die Folgen der Internetabhängigkeit und deren Unterformen gehen aus den Kriterien hervor. Sehr häufig können Jugendliche ihren Alltag und damit verbundene Entwicklungsaufgaben nicht mehr bewältigen, weshalb ihre Teilhabe eingeschränkt sein kann, aber auch andere psychiatrische Störungen folgen können. Nährstoffmangel, Krampfanfälle, aber auch Gereiztheit oder Depressionen, Schlafstörungen, Leistungseinbrüche, Kopfschmerzen treten häufig auf (Diomidous et al., 2016).

#### *Rückbezug zum Fallbeispiel*

In unserem Fallbeispiel können bei N. deutlich die Kriterien einer Videospielabhängigkeit als erfüllt betrachtet werden. Seine altersentsprechende Entwicklung erscheint gefährdet, da er sich von realen Sozialkontakten zurückzieht, aber auch schulisch massive Leistungseinbrüche hat. N. führt sein Verhalten fort, obwohl er auch ganz unmittelbar im familiären Umfeld erlebt, dass starke Probleme mit seiner Internetnutzung verbunden sind. Auch bei der Schwester muss genau betrachtet werden, was sie im Internet tut. Es bleibt unklar, ob sie die Medien zwar exzessiv nutzt, aber kompetent handelt und keine „gefährlichen“ Verhaltensweisen zeigt.

## 4.5 Mobbing und Cybermobbing: Was sollten Fachpersonen wissen?

***Fallbeispiel***

Die 18-jährige S. macht eine Ausbildung zur Erzieherin. Ihrer Anleiterin im Kindergarten fällt auf, dass S. im Kontakt mit den Kolleginnen sehr zurückhaltend, manchmal fast misstrauisch wirkt. Mit den Kindern ist sie aber in einem guten Kontakt. Die Anleiterin spricht S. darauf an. Daraufhin erzählt ihr S.:

> „Ich wurde in meiner Schulzeit ab der sechsten Klasse massiv von anderen gemobbt. Früher habe ich immer ein bis zwei Freundinnen gehabt, aber zu diesem Zeitpunkt ist ein neues Mädchen in die Klasse gekommen. Zuerst haben meine beste Freundin und ich viel zu dritt mit ihr unternommen, dann habe ich gemerkt, dass die beiden oft Zeit miteinander verbringen, ohne mich einzubeziehen. Irgendwann sind Gerüchte über mich erzählt worden. Irgendjemand hat im Klassenchat angefangen, mich ständig auszuschließen. Ich habe nicht gewusst, was ich tun soll. Überhaupt habe ich keinen Anschluss mehr zur Klasse gefunden. Die anderen Mädchen waren schon viel weiter in ihrer Entwicklung, haben auf Jungs gestanden, haben sich geschminkt. Ich habe mit all dem nichts anfangen können. Irgendwie habe ich aber auch gar nicht mehr gewusst, wer ich eigentlich bin. In der Schule hat man mir gemeine Spitznamen gegeben. Wenn ich mich gemeldet habe, haben die anderen gelacht. Manchmal hat man meinen Schulranzen aus dem Fenster geworfen. Schlimm fand ich, dass viele Lehrkräfte nicht reagiert haben. Ich habe ab und zu, wenn besonders fiese Dinge passiert sind, mit der Klassenlehrerin gesprochen. Sie hat dann auch versucht, mit den Mitschüler*innen zu reden, aber es blieb alles gleich. Sie haben nur vor der Klassenlehrerin nichts getan. Meine Eltern wussten auch nicht, wie sie mir helfen können. Sie haben auch immer wieder mit Lehrkräften geredet, aber es folgte eigentlich keine Veränderung".

S. berichtet außerdem, sie habe immer mehr Zeit im Internet verbracht, dort in sozialen Netzwerken gute Freund*innen gehabt. Sie habe einen Jungen virtuell kennengelernt, sich ihm verbunden gefühlt. Nach einiger Zeit habe er gefragt, ob sie ihm ein Nacktfoto schicken könne. Das sei Anfang der siebten Klasse gewesen. Sie habe sich nichts dabei gedacht, das getan. Dann habe sich herausgestellt, dass der Junge der Bruder einer Mitschülerin war und er nur zum Spaß mit ihr gechattet habe. Das Foto habe er überall hingeschickt. Das sei schrecklich gewesen, jeder habe ihr Nacktfoto gekannt. Sie sei fast ein Jahr nicht mehr zur Schule gegangen, habe dann nach einer Psychotherapie die Schule gewechselt. Dort sei es „okay" gewesen, aber sie könne niemandem mehr wirklich vertrauen. Die Anleiterin bedankt sich sehr bei S. für ihr Vertrauen in dieser Situation und verspricht ihr, sie im Umgang mit den Kolleginnen zu unterstützen.

### 4.5.1 Worum geht es? Eine Gegenstandsbestimmung

Der Begriff Mobbing wird im alltäglichen Sprachgebrauch häufig verwendet. Ganz konkret spricht man dann von Mobbing, wenn aggressive Verhaltensweisen wiederholt an einer Person oder einer Personengruppe durchgeführt werden. Akteur*innen können Einzelpersonen oder ebenfalls Gruppen sein.

Die aggressiven Handlungen können entweder direkt oder indirekt, körperlich oder verbal ausgeführt werden. Zu direkten Handlungen gehören zum Beispiel Schlagen, Auslachen, Gegenstände wegnehmen oder beschädigen, Demütigen, Beleidigen. Zu indirekten Handlungen zählen zum Beispiel Gerüchte verbreiten, Lästern und die heimliche Beschädigung von Eigentum der Betroffenen. Darüber hinaus kommt relationales Mobbing vor. Hierbei werden die sozialen Beziehungen der Betroffenen gezielt beschädigt, z. B. durch Ignorieren, Ausschluss aus einer Gruppe oder Rufschädigung. Das Ziel der Handlungen ist es, die Zielperson(en) zu schädigen. Dabei besteht ein körperliches oder psychisches Ungleichgewicht der Kräfte zwischen Akteur*innen und Betroffenen. Die Begriffe „Viktimisierung“ und „Bullying“ (wörtlich übersetzt „Tyrannisieren“) werden oft synonym verwendet. Für eine detaillierte Darstellung der Entwicklung der Begrifflichkeiten und deren Bedeutung siehe Spröber-Kolb und Dresbach (2022).

Mobbing und Cybermobbing sind dadurch von entwicklungsfördernden Konflikten, bei denen die Konfliktpartner*innen ungefähr gleich stark sind, zu unterscheiden. Kinder und Jugendliche können beim Austragen dieser Konflikte lernen, ihre Problemlösekompetenzen zu stärken, ihre sozialen Fertigkeiten weiterzuentwickeln.

Unter Cybermobbing werden ebenfalls aggressive Handlungen verstanden, die wiederholt und über einen längeren Zeitraum mittels digitaler Medien ausgeführt werden. Allerdings kann hierbei die Person bzw. die Personengruppe der Akteur*innen den Betroffenen unbekannt sein. Die Betroffenen haben ebenfalls – wie beim Mobbing in der „realen“ Welt – Schwierigkeiten, sich zu verteidigen. Cybermobbing kann zu jeder Zeit und an jedem Ort erfolgen (Entzeitlichung/Enträumlichung) (vgl. Tokunaga et al., 2010). Problematisch an Cybermobbing ist für die Betroffenen, dass auch die Gruppe der Zuschauer*innen, das sogenannte Publikum, unbekannt ist und sich stark vergrößern kann und das auch noch lange Zeit nach dem eigentlichen Geschehen, da Personen die Inhalte abspeichern und auch mit zeitlichem Abstand verbreiten können. Darüber hinaus ist bei Cybermobbing noch zu beachten, dass durch die Medien eine „Entkörperlichung“ stattfindet, das heißt, dass non-verbale Zeichen nicht eingesetzt werden können. Die Reaktionen des Publikums und auch die der Betroffenen auf die durch digitale Medien verbreiteten aggressiven Inhalte erfolgen nicht direkt und unmittelbar. Nach der Lerntheorie geht man davon aus, dass Konsequenzen von Verhalten das zukünftige Auftreten der Verhaltensweisen steuern. Für Akteur*innen können auch digital unmittelbare Konsequenzen erfolgen, indem sie „Likes“ oder Kommentare für ihre Aktivitäten bekommen. Die direkten emotionalen Reaktionen der Betroffenen jedoch können nicht unmittelbar erlebt werden. Cybermobbing kann über jedes Alter und jeden Status hinweg stattfinden, weil die Akteur*innen anonym bleiben können und sogar die Möglichkeit haben, sich eine andere Identität zuzulegen. Akteur*innen und Betroffene müssen sich nicht einmal kennen (Entkontextualisierung). Ein weiterer Unterschied zum Mobbing ist beim Cybermobbing, dass die Handlungen gespeichert werden können, was ebenfalls ein Vorteil für die Betroffenen sein kann. Wenn sie sich wehren oder Handlungen zur Anzeige bringen, können sie die Sachverhalte meist nachweisen. Beim traditionellen Mobbing ist die meist nicht der Fall.

Mobbing und Cybermobbing können auf verschiedenen Ebenen auftreten: Es kann unter Peers vorkommen, aber auch zwischen Lehrkräften bzw. Ausbildern*innen und Schüler*innen bzw. Auszubildenden. Viele viktimisierte Betroffene werden sowohl in der realen als auch in der virtuellen Welt gemobbt.

Für das Auftreten und die Aufrechterhaltung von Mobbing und Cybermobbing muss das komplexe Zusammenspiel verschiedener Faktoren betrachtet werden. So können Belastungen in der Beziehung zu den Bezugspersonen oder psychische Vulnerabilität dazu führen, dass Kinder und Jugendliche sich sozial auffällig verhalten. Sowohl internale als auch externale Verhaltensprobleme erhöhen das Risiko, eine Opfer- oder Akteur*innenposition innerhalb der Gleichaltrigengruppe einzunehmen. Nicht nur soziale Kompetenzen, sondern auch negative interpersonale Schemata erhöhen das Risiko, dass Kinder und Jugendliche in Mobbingprozesse involviert werden. Durch interpersonale Schemata werden die soziale Informationsverarbeitung und das Verhalten in spezifischen Situationen gesteuert. Unter Schemata versteht man überdauernde, dysfunktionale Konzepte von sich selbst, von anderen bzw. der Welt, die aufgrund früherer Beziehungserfahrungen entstanden sind (Roediger & Jacob, 2010; Roediger, 2011).

Bei Mobbing und Cybermobbing handelt es sich um ein Gruppengeschehen. Es können verschiedene Personengruppen (Akteur*innen, Betroffene, Akteur*innen-Betroffene, Helfer*innen der Akteur*innen, Helfer*innen der Betroffenen, Außenstehende) identifiziert werden, die direkt oder indirekt problemverschärfend oder -reduzierend auf das Auftreten, die Ausweitung und Aufrechterhaltung des Problemverhaltens einwirken. Dabei ist immer auch die Rolle des erweiterten sozialen Systems, wie das der Schulleitung, der Lehrer*innen, Gruppenleiter*innen in Vereinen, Ausbilder*innen in Betrieben, der Eltern und der Freund*innen, zu beachten.

*Anregungen zur Selbstreflexion*
Vermutlich haben Sie in Ihrem beruflichen oder privaten Alltag bereits Berührungspunkte mit dem Auftreten von Mobbing bzw. Cybermobbing gehabt.

- Wie war bzw. ist hierbei die Gruppendynamik einzuschätzen?
- Welche Personen können welcher oben genannten Gruppe im Mobbingprozess zugeordnet werden?

### 4.5.2 Wie häufig kommen Mobbing und Cybermobbing bei Kindern und Jugendlichen vor?

Viele Kinder und Jugendliche kommen in ihrem Alltag regelmäßig mit unterschiedlichen Formen von Mobbing und Cybermobbing in Berührung. Ein Drittel aller Kinder und Jugendlichen sind Studien zufolge regelmäßig in Bullying, ca. 15 Prozent in Cyberbullying involviert (Wolke, Lee & Guy, 2017; Modecki et al., 2014). Neuere Prävalenzstudien in Deutschland bestätigen dieses Bild (Bergmann & Baier, 2018).

Im Rahmen der Corona-Pandemie (Bündnis gegen Cybermobbing, 2020) ist die Zahl der von Cybermobbing betroffenen Schüler*innen seit 2017 um 36 Prozent gestiegen (von 12,7 % auf 17,3 % im Jahr 2020).

### 4.5.3 Welche psychosozialen Folgen können auftreten?

Langzeitstudien weisen darauf hin, dass Mobbing und Cybermobbing bei Betroffenen in der Kindheit und Jugendzeit – vor allem, wenn es über einen längeren Zeitraum vorkommt – weitreichende psychosoziale Folgen haben können. Zu denken sind hierbei an depressive und suizidale Entwicklungen, somatische Einschränkungen, Ängste, teilweise sogar Symptome einer Posttraumatischen Belastungsstörung, aber auch schlechtere schulische und berufliche Entwicklungen (z. B. aufgrund von Fehlzeiten, Leistungseinschränkungen). Mobbing und Cybermobbing wirken sich auch auf den Selbstwert und die Gestaltung von Beziehungen aus. Kinder und Jugendliche, die Mobbing bzw. Cybermobbing selbst erleben oder bei anderen beobachten, sind oft sehr verunsichert, fühlen sich hilflos und ohnmächtig. Gerade ab dem Jugendalter kann sich dies auf die weitere Beziehungsgestaltung zu anderen auswirken und dysfunktionale Schemata aktivieren sowie festigen.

Auf der Akteur*innenseite sind ebenfalls depressive Symptome, aber auch eine erhöhte Aggressivität in späteren Lebensphasen erkennbar.

Negative Erfahrungen mit Gleichaltrigen im Kindes- und Jugendalter können zudem zur Entwicklung und Festigung negativer interpersonaler Schemata beitragen. Diese erhöhen das Risiko interpersonaler Probleme im Jugend- und Erwachsenenalter.

Cybermobbing hat immer gravierendere Folgen (Bündnis gegen Cybermobbing, 2020): Die Zahl der Betroffenen, die Suizidgedanken äußerten, ist seit 2017 um 20 Prozent und der Anteil der Personen, der Alkohol und Tabletten nahmen, um fast 30 Prozent angestiegen.

***Praxistipp***

Wenn in einer Gruppe Mobbing bzw. Cybermobbing auftritt, dann ist es wichtig, dass Erwachsene die Betroffenen darin unterstützen, die Situation zu verändern. Ansätze, in denen nur mit den Betroffenen gearbeitet wird (z. B. selbstsicherer auftreten) greifen jeweils zu kurz. Sie sind zwar dahingehend hilfreich, den Selbstwert der betroffenen Kinder und Jugendlichen zu stärken, werden aber nicht die Dynamik in der Gruppe grundsätzlich verändern. Es ist immer wichtig, das Problem als solches zu erkennen, zu benennen und die einzelnen Personen zu identifizieren, die den unterschiedlichen Rollen im Mobbingprozess zugeordnet werden können. Wirksame Ansatzpunkte zur Intervention sind, die Akteur*innen zu begrenzen (d. h. klare Vereinbarungen für Mobbing treffen, Konsequenzen festlegen und durchführen) und ggf. andere Möglichkeiten zu finden, damit sie ihre Motive – die hinter dem Mobbing stehen – verfolgen können (z. B. wenn es um Aufmerksamkeit geht, könnte eine Lehrkraft das mobbende Kind als Streitschlichter*in vorschlagen, das dann eine Schulung bekommt). Den Betroffenen sollte ganz klar Unterstützung signalisiert werden: eine Stärkung des Selbstwertes und der Selbstbehauptung können überlegt werden und es sollte in Interaktionen darauf geachtet werden, dass betroffene Kinder und Jugendliche in sozialen Prozessen mit nicht mobbenden Interaktionspartner*innen in Kontakt kommen (z. B. bei Gruppenarbeiten gezielt Kinder und Jugendliche bestimmten Gruppen zuteilen oder Situationen, in denen Mobbing auftritt, wie z. B. Umkleidekabinen, beaufsichtigen). Ein wichtiger Ansatzpunkt ist es auch, die große Gruppe der eigentlich Außenstehenden oder der Freund*innen der Betroffenen zu stärken. Hier kann bewusst das Thema „Zivilcourage“ bearbeitet werden und mit dieser Gruppe können Möglichkeiten konkret besprochen und eingeübt werden, wie sie betroffenen Kindern und Jugendlichen helfen können (z. B. auf ein gemobbtes Kind bzw. eine*n Jugendliche*n zugehen, ihn*sie aus der Situation holen und bei ihm*ihr bleiben, ohne aktiv den Akteur*innen entgegenzutreten, da sonst die Helfer*innen in Gefahr sind, selbst Ziel von aggressiven Handlungen zu werden). Entscheidend ist auch, die Eltern bzw. Bezugspersonen einzubeziehen (z. B. im Rahmen von Elternabenden darüber informieren, welche Vorgehensweisen es bei Mobbing gibt, mit Eltern von Betroffenen und Akteur*innen Kontakt halten, Vereinbarungen kommunizieren und die Veränderungen reflektieren). Praktisches Material für die Arbeit mit Kindern, Jugendlichen und Bezugspersonen kann bei Spröber-Kolb und Dresbach (in Vorbereitung, Erscheinungsdatum 2022) oder bei Spröber, Schlottke & Hautzinger (2008) vertieft werden.

***Rückbezug zum Fallbeispiel***

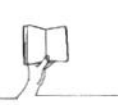

Im Fallbeispiel wurde deutlich, dass S. aufgrund der negativen Peer-Erfahrungen die Art ihrer Beziehungsgestaltung verändert hat. Sie ist misstrauisch, will sich schützen, vertraut anderen nicht mehr. Der von ihr geschilderte Mobbing-Prozess ist ein ganz typischer: Sie ist in die Rolle der viktimisierten Mitschülerin gekommen, weil ein Mädchen enger mit ihrer Freundin befreundet sein wollte. Die aggressiven Handlungen begannen zunächst schleichend und erreichten dann ihren Gipfel in der Bloßstellung durch den Bruder der Mitschülerin. S. fühlte sich hilflos, verstand nicht, was passierte. Besonders verletzend war es für sie, dass mit ihren Gefühlen „gespielt" wurde. Sie hatte den virtuellen Freund ehrlich gemocht, er nutzte sie jedoch für andere Zwecke aus und beschädigte ihren Ruf.

## 4.6 Zusammenfassung

In diesem Kapitel wurden verschiedene Situationen betrachtet, die für Kinder und Jugendliche eine Gefährdung ihrer gesunden Entwicklung darstellen können. Es wurde dabei in Gefährdungen im familiären Rahmen und im erweiterten sozialen Umfeld (z. B. durch Medien, Peers) unterschieden. Inwieweit sich diese Gefährdungsaspekte nachteilig auf das Aufwachsen von Kindern und Jugendlichen auswirken, hängt von der Konstellation vorhandener Risiko- und Schutzfaktoren ab.

# 5. Wie kann eine professionelle Beziehungsgestaltung und Kommunikation mit gefährdeten Kindern und Jugendlichen aussehen?

***Fallbeispiel***

B. (13 Jahre, 7. Klasse Mittelschule) besucht seit ca. 1,5 Jahren die Schule zunehmend unregelmäßig. Er fehlt durchschnittlich an zwei von fünf Schultagen. Der Klassenlehrer, Herr Sch. hat immer wieder versucht, mit dem Schüler ins Gespräch zu kommen, aber B. verhält sich sehr abweisend, ist wortkarg, wirkt widerwillig im Kontakt. Er sagt dann stets nach einem solchen Gespräch zu, wieder jeden Tag die Schule zu besuchen, hält es aber meist nur eine Woche durch. Seine Noten haben sich aufgrund der Fehlzeiten verschlechtert, bewegen sich aber noch bei „befriedigend" bis „ausreichend". Der Klassenlehrer nimmt nach einem halben Jahr vermehrter Fehlzeiten Kontakt zu den Eltern auf. Es erweist sich als sehr schwierig, einen Termin zu vereinbaren. Erst nach ca. vier Monaten kommt der Vater zum Gespräch. Herr Sch. erfährt von B.s Vater:

> „Meine Frau und ich haben uns getrennt B.s Mutter ist vor ca. zwei Jahren aus der gemeinsamen Wohnung ausgezogen. Sie wohnt nun in einer 60 km entfernten Stadt, hat über elektronische Medien Kontakt zu B., aber da sie einen neuen Partner und vor einem Jahr ein Baby bekommen hat, sieht sie B. kaum. Bevor meine Ex-Frau schwanger wurde, hat B. regelmäßig die Wochenenden bei ihr verbracht. B. verweigert jetzt aber, zu ihr zu gehen. Ich selbst habe auch seit einem Jahr eine neue Partnerin und verbringe die Wochenenden von Freitag bis Montagabend meist bei ihr, da sie noch jüngere Kinder hat. B. ist so selbstständig, dass er – in meinen Augen – gut allein zurechtkommt. Natürlich spielt B. sehr viel Computerspiele, aber mich interessiert das auch, das finde ich nicht schlimm. Computerspiele sind unsere gemeinsame Aktivität und ein Interesse von Vater und Sohn".

Auf die Fehlzeiten in der Schule angesprochen, sagt der Vater zu, B. nun jeden Morgen anzurufen, um ihn zu wecken und zur Schule zu schicken. Der Vater sagt, er arbeite im Baugewerbe, weshalb er morgens schon sehr früh aus dem Haus gehe, B. müsse sich allein Frühstück machen und zur Schule gehen. Herr Sch. ist nach diesem Gespräch mit dem Vater sehr betroffen, ihm tut B. leid, da er den Eindruck hat, dass der Junge sich fast allein überlassen ist und viel zu viel Verantwortung übernehmen muss. Er verhält sich dadurch B. gegenüber freundlich, zugewandt und drückt oft „ein Auge zu", wenn B. nicht zur Schule kommt. Er versucht, so oft es geht, zwischen „Tür und Angel" mit dem Schüler zu sprechen und nachzufragen, wie es ihm geht. Herr Sch. bietet B. auch an, zwischen Schule bzw. Nachmittagsunterricht mit ihm zu lernen, aber B. lehnt ab. B. selbst bleibt weiterhin distanziert.

Herr Sch. fühlt sich zunehmend frustriert im Umgang mit B., fast macht es ihn wütend, dass der Junge sich „nicht helfen lässt". Herr Sch. spricht mit der Schulsozialarbeiterin Frau E. und bittet diese, Termine mit B. auszumachen. B. nimmt auch diese unzuverlässig wahr und scheint bei ihr mehr „seine Zeit abzusitzen". Die Schulsozialarbeiterin lässt B. Zeit, ist dennoch für ihn da, auch wenn er kaum mit ihr spricht. Sie macht ihm kontinuierliche Beziehungsangebote, geht also immer wieder auf ihn zu, fragt nach, wie es ihm geht und zeigt Interesse an seinem Befinden. Sie nimmt Kontakt mit den getrenntlebenden Eltern auf. Darüber informiert sie B. Er lehnt dies eigentlich ab, aber Frau E. verdeutlicht, dass sie diesen Schritt gehen muss, da sie Sorge um die Entwicklung von B. hat. Den Eltern erläutert sie, dass sie eine Vernachlässigung bei B. sieht und seine Entwicklung gefährdet ist. Sie spricht mit der Mutter und dem Vater Änderungsmöglichkeiten ab: Die Mutter kommt nun alle zwei Wochen am Samstag zu B. Ziel ist es, dass der Kontakt zwischen Mutter und B. wieder vertieft wird und B. später an den Wochenenden zur Mutter und deren neuen Lebensraum gehen kann und hier integriert wird. Der Vater sagt zu, an den Wochenenden abends bzw. nachts zu Hause zu sein oder B. zu seiner Partnerin mitzunehmen, bis B. die Wochenenden bei der Mutter verbringt. Beide Eltern sprechen mit B. und machen ihm deutlich, dass sie wollen, dass er regelmäßig die Schule besucht. Ein Rückmeldesystem mit dem Klassenlehrer wird vereinbart. Frau E. berät den Vater noch bezüglich einer Unterstützung durch das Jugendamt in Form eines Erziehungsbeistandes oder einer Sozialpädagogischen Familienhilfe. Der Vater sagt zu, einen Antrag beim Jugendamt zu stellen. Telefontermine zwischen Frau E. und den Eltern werden verabredet, um den Verlauf zu überwachen. B. wird vom Vater und Frau E. über die Vereinbarungen informiert. Er zeigt sich genervt, in den weiteren Gesprächen bei Frau E. beginnt er dann aber mit ihr darüber zu sprechen, wie schlimm der plötzliche Auszug der Mutter und das Wissen, dass sie „ein neues Kind hat", war. Frau E. bahnt Termine für B. in einer Jugendberatungsstelle an.

In der Dynamik der Interaktion zwischen Kindern bzw. Jugendlichen und Fachpersonen spielen spezifische Anteile und Eigenheiten des Kindes oder der Jugendlichen, das Fachwissen über eine professionelle Beziehungsgestaltung, aber auch die eigenen Anteile der Fachpersonen eine Rolle. Nachfolgend sollen diese einzelnen Faktoren genauer besprochen werden.

## 5.1 Wie kann eine professionelle Beziehungsgestaltung von Fachpersonen und gefährdeten Kindern und Jugendlichen aus?

In den folgenden Abschnitten werden verschiedene Aspekte der Beziehungsgestaltung vertieft.

### 5.1.1 Der Blick auf die gefährdeten Kinder und Jugendlichen in der Interaktion

In Kapitel 2 wurde bereits beschrieben, dass Bindung ein zentrales Grundbedürfnis von Menschen darstellt und sich die Fähigkeit, Bindung und Beziehungen zu anderen Menschen aufzubauen und zu festigen, im Laufe der Entwicklung immer weiter ausbildet. Prägend für die Art, wie Individuen Bindung und Beziehungen aufbauen, sind die frühen Bindungs- und Beziehungserfahrungen mit engen Bezugspersonen, im Jugendalter aber auch die mit Gleichaltrigen. Kinder sind in ihrer Entwicklung auf Beziehungen angewiesen und vor allem in der Kindheit in gewissem Maße von ihnen abhängig. Kinder und Jugendliche bedürfen der Liebe und Geborgenheit, der Sorge und des Schutzes sowie der Bindung zu ihren nächsten Bezugspersonen. Sicherheit und emotionale Stabilität in der Beziehung zu einer Bindungsperson zu erleben, ist die Basis für eine gesunde Entwicklung und gilt als Schutzfaktor im Sinne der Resilienz. Darüber hinaus ist es wichtig, dass …

- Kinder in ihrer Autonomie und im Erleben von Selbstwirksamkeit gefördert werden,
- ihr Bedürfnis nach Spontanität und Spaß/Spiel beachtet wird,
- ihr Bedürfnis nach Selbstwerterhöhung und Anerkennung gestillt wird und
- ihr Bedürfnis nach Identität, Struktur und Konsistenzerleben wahrgenommen wird.

Wenn auf diese Bedürfnisse zuverlässig und feinfühlig eingegangen wird, bilden sich nach der Schematherapie (vgl. Young, Klosko & Weishaar, 2008) positive Schemata heraus (siehe Kapitel 2.5, S. 18 ff.). Ein positives Schema ist wie ein „Filter“ oder ein „Scheinwerfer“ (vgl. Brüderl, 2020), mithilfe dessen Kinder und Jugendliche Informationen über sich, die Welt, andere und die Zukunft wahrnehmen und interpretieren. Positive Schemata stellen emotionale Stärke und Bewältigungsreserven zur Verfügung und helfen, kritische Lebenssituationen zu meistern, indem auf persönliche und soziale Ressourcen zurückgegriffen werden kann.

Ein Teil der in Kapitel 4 dargestellten gefährdeten Kinder und Jugendlichen machen in ihrem Leben – oder zumindest in bestimmten Abschnitten ihres Lebens – wenig positive Bindungs- und Beziehungserfahrungen. Die dadurch entwickelten dysfunktionalen Schemata können in Auslöse- oder Triggersituationen heftige unangenehme Gefühle (Angst, Trauer, Wut, Impulsivität) und belastende innere Stimmen bzw. Kognitionen aktivieren. Dies ist dem*der Betreffenden mehr oder weniger bewusst, man spricht davon, dass diese Prozesse auf der „hinteren Lebensbühne" (Brüderl, 2020) ablaufen. Vordergründig werden (oft unbewusst und automatisiert) Bewältigungsstrategien eingesetzt, die für die Person aus der Biographie heraus die bisher „beste" Lösung für interpersonelle Konflikte und zur Regulation der Gefühle darstellen. Diese führen bei dem Kind oder dem*der Jugendlichen zu einer unmittelbaren Spannungsreduktion, stellen jedoch eine inadäquate Verhaltensantwort für langfristige Lösungen dar. Für den*die Interaktionspartner*in sind diese vordergründigen Verhaltensantworten erlebbar im Kontakt.

Unterschiedliche Bewältigungsmodi sind denkbar: Ein Kind bzw. ein*e Jugendliche*r kann sich …

- den aus einem Schema heraus resultierenden Kognitionen unterordnen (Unterordnung),
- die Auslösung der Situationen bzw. Kognitionen vermeiden (Vermeidung) oder
- diese im Sinne einer Überkompensation abzuwehren versuchen (Überkompensation).

Die unterschiedlichen Bewältigungsmodi werden nachfolgend anhand von Beispielen illustriert.

Die Verhaltensweisen, die mit den Bewältigungsmodi verknüpft sind und die dem*der Interaktionspartner*in gegenüber gezeigt werden, sind für diese*n manchmal wenig nachvollziehbar, manchmal frustrierend, sogar kränkend oder angreifend. Oft reagieren Interaktionspartner*innen dann auf eine Art und Weise, die das Kind oder der*die Jugendliche kennt und eigentlich fürchtet nicht erleben will (z.B. vermeidet B. nahe Kontakte aus Angst, im Stich gelassen zu werden, er geht auf die Beziehungsangebote von Herrn Sch. nicht ein. Herr Sch. zieht sich zurück, was B. darin bestätigt, dass Bezugspersonen nicht verlässlich da sind).

Tabelle 4 veranschaulicht verschiedene dysfunktionale Schemata in sozialen Interaktionen und damit verbundene dysfunktionale Bewältigungsmodi. Veranschaulicht werden in der Tabelle exemplarisch fünf der möglichen 18 maladaptiven Schemata, die fünf Domänen zugeordnet werden können:

1. *Abgetrenntheit und Ablehnung* (Bedürfnis nach Bindung): Verlassenheit/Instabilität, Misstrauen/Missbrauch/Misshandlung, Emotionale Entbehrung, Unzulänglichkeit/Scham, Soziale Isolation/Entfremdung.
2. *Autonomie- und Leistungsbeeinträchtigung* (Bedürfnis nach Autonomie und Selbstwirksamkeit): Abhängigkeit/Inkompetenz, Verletzbarkeit/Anfälligkeit, Verstrickung/unterentwickeltes Selbst, Erfolglosigkeit/Versagen.
3. *Beeinträchtigung im Umgang mit Begrenzungen* (Bedürfnis nach Identität, Struktur, Grenzen, Konsistenzerleben): Anspruchshaltung/Grandiosität, Selbstkontrollschwäche/Mangel an Selbstdisziplin.
4. *Übertriebene Außenorientierung und Fremdbezogenheit* (Bedürfnis nach Selbstwerterhöhung und Anerkennung): Unterordnung/Unterwerfung, Selbstaufopferung, Suche nach Anerkennung/Zustimmung.
5. *Übertriebene Wachsamkeit und Gehemmtheit* (Bedürfnis nach Lust, Spiel, Spaß, Spontanität): Emotionale Gehemmtheit, überhöhte Standards/unerbittliche Ansprüche, Pessimismus/Negatives Hervorheben, Bestrafungsneigung.

| Verlassenheit/Instabilität | |
|---|---|
| **Verhalten von nahen Bezugspersonen:** Instabile Verbindung, inkonsistente Zuwendung und Unterstützung, Wechsel von Fürsorge und Alleinlassen, Bezugspersonen sind nicht in der Lage, verlässliche emotionale Unterstützung, Halt, Sicherheit und Schutz zu gewähren | |
| **Mögliche Kognitionen, die aus diesen Erfahrungen entstehen:** „Bald werde ich wieder verlassen", „Es gibt keine beständigen Freund*innen/Bezugspersonen", „Früher oder später stehe ich wieder allein da" | |
| Unterordnen | Freund*innen suchen, die nicht beständig sind, wechselnde Freundeskreise, unverbindlich im Kontaktverhalten |
| Vermeiden | In sozialen Kontakten Distanz wahren, tiefgehende Beziehungsangebote vermeiden |
| Überkompensieren | Hohe Ansprüche an Freund*innen/Interaktionspartner*innen haben, extrem enge, erdrückende Beziehungsgestaltung pflegen |
| **Misstrauen/Missbrauch/Misshandlung** | |
| **Verhalten von nahen Bezugspersonen:** Kinder und Jugendliche werden emotional, körperlich oder sexuell missbraucht und/oder misshandelt | |
| **Mögliche Kognitionen, die aus diesen Erfahrungen entstehen:** „In nahen Beziehungen werde ich ausgenutzt, belogen, misshandelt, missbraucht", „Ich werde von anderen absichtlich verletzt, geschädigt, werde nachlässig behandelt" | |
| Unterordnen | Suche nach engen, ausnutzenden oder missbrauchenden Freundschaften/Beziehungen |
| Vermeiden | Angstbesetzte Situationen, in denen er*sie ausgenutzt/missbraucht/misshandelt werden könnte, werden vermieden |
| Überkompensieren | Freund*innen werden gesucht, die man dominieren, ausnutzen und eventuell erniedrigen kann |

| Emotionale Vernachlässigung | |
|---|---|
| **Verhalten von nahen Bezugspersonen:** Mangel an Aufmerksamkeit, Zuneigung, Wärme oder Zugehörigkeit, Entbehren von Empathie, Mangel an Verständnis, der Bereitschaft zuzuhören, geringe Selbstoffenbarung oder Fehlen eines kommunikativen Austausches über Gefühle, Entbehren von Schutz, Mangel an Stärke, Richtungsweisung, keine Hilfe bei der Orientierung oder Anleitung vonseiten anderer, Vernachlässigung, emotionale Kälte, Ablehnung | |
| **Mögliche Kognitionen, die aus diesen Erfahrungen entstehen:** „Ich komme zu kurz, bekomme keine Zuwendung, Unterstützung, kein Verständnis" | |
| Unterordnen | Wählt emotional kühle Freund*innen, bittet nicht um Beachtung eigener Bedürfnisse, lässt sich Ablehnung gefallen |
| Vermeiden | Emotionaler und sozialer Rückzug, Tagträumen |
| Überkompensieren | Emotional forderndes Verhalten, in Freundschaften selbst unberechenbar zugewandt, dann wieder vernachlässigend |
| **Soziale Isolation** | |
| **Verhalten von nahen Bezugspersonen:** Sozial isolierte Familie, eventuell Migrationsgeschichte, ethnische Minorität bzw. sozial ausgegrenzte Bezugspersonen, vermitteln Gefühl, nicht dazuzugehören, auch kein Anschluss an die Peergroup | |
| **Mögliche Kognitionen, die aus diesen Erfahrungen entstehen:** „Ich bin anders, meine Familie ist anders, die anderen verstehen mich/uns nicht", „Ich bzw. wir gehöre(n) nicht dazu" | |
| Unterordnen | Ausgrenzung/Ablehnung wird akzeptiert, Einzelgängertum |
| Vermeiden | Freundschaften und Gruppenaktivitäten werden vermieden |
| Überkompensieren | Beziehungen werden wahllos aufgesucht, Freundschaften wahllos geknüpft, Verhalten ist stark angepasst, unbeständig |
| **Verstrickung/unterentwickeltes Selbst** | |
| **Verhalten von nahen Bezugspersonen:** Kinder werden von sich abhängig gemacht (z. B. Parentifizierung, Partnerersatz), Bezugspersonen mischen sich ständig ein, moralisieren stark bei Fehlverhalten, eine übermäßige Nähe zu einer oder mehreren Bezugspersonen (oft Eltern) wird hergestellt, soziale Entwicklung, Loslösung nicht verstärkt | |
| **Mögliche Kognitionen, die aus diesen Erfahrungen entstehen:** „Ich kann nicht ohne meine Eltern und sie können nicht ohne mich", „Ich habe eine Verpflichtung ihnen gegenüber, alles für sie zu tun, ihnen alles zu sagen", „Ohne sie bin ich nichts, mein Selbst ist mit ihrem verschmolzen" | |
| Unterordnen | Dysfunktionale Freundschaften werden nicht aufgegeben, teilweise sogar eingefordert, Eltern werden übermäßig unterstützt |
| Vermeiden | Elterliche Nähe und intensive Freundschaften werden vermieden |
| Überkompensieren | Autarkie wird betont, sich abkapseln, nichts für andere tun, beharrliche Oberflächlichkeit in Beziehungen |

Tabelle 4: Dysfunktionale Schemata und Bewältigungsmodi (Loose, Graaf & Zarbock, 2013, angelehnt an Young, Klosko & Weishaar, 2008)[7]

7 Für weitere detaillierte Beschreibungen der maladaptiven Schemata und zugehöriger Bewältigungsmodi siehe Loose, Graaf & Zarbock (2013, Arbeitsmaterial).

Für die konkrete Interaktion mit Fachpersonen bedeutet dies, dass sich gefährdete Kinder und Jugendliche je nach ihrem Erfahrungshintergrund, den ausgebildeten dysfunktionalen Schemata, den Kognitionen und den Bewältigungsmodi manchmal unerwartet oder anhaltend devot, abweisend, läppisch, zurückhaltend, unzuverlässig, undiszipliniert, misstrauisch, perfektionistisch oder aggressiv in der Interaktion verhalten. Dies macht es für Fachpersonen oft schwierig, Zugang zu gefährdeten Kindern und Jugendlichen zu bekommen, sie angemessen und nachhaltig zu unterstützen und eine vertrauensvolle Beziehung aufzubauen. Manchmal benötigen Fachpersonen viel Geduld und eine hohe Frustrationstoleranz. Je nach Setting ist es ihnen mehr oder weniger möglich, die Hintergründe, die „hintere Bühne" zu erkunden und die vordergründig gezeigten Verhaltensweisen einzuordnen, um passgenau die frustrierten Bedürfnisse in einer Interaktion zu befriedigen.

Je nach individueller Entwicklung haben Kinder und Jugendliche auch Zugriff auf den „Clever-Modus" und den „Happy-Modus" (vgl. Loose, Graaf & Zarbock, 2013). Mit diesen beiden Modi oder Zuständen bezeichnet man in der schematherapeutischen Arbeit mit Kindern und Jugendlichen positive Bewältigungskompetenzen.

Kompetenzen des Clever-Modus:
- Angemessene Selbstfürsorge
- Angemessene Gefühlsregulation bzw. Selbstberuhigung
- Angemessene Selbstbehauptung
- Ausgewogenes Bindungs- und Abgrenzungsverhalten

Im Happy-Modus fokussieren Kinder und Jugendliche auf glückliche Zustände und können diese mit Erfahrungen in Verbindung setzen.

Ziel der schematherapeutischen Arbeit mit Kindern und Jugendlichen ist es, die maladaptiven/dysfunktionalen Anteile zu versorgen und zu reduzieren und die positiven Bewältigungskompetenzen zu fördern. Auch wenn Fachpersonen im psychosozialen Bereich nicht per se beraterisch oder sogar therapeutisch tätig sind, kann es hilfreich sein, auch für andere Interaktionen diese Ziele im Blick zu behalten.

### *Anregungen zur Selbstreflexion*

Bitte reflektieren Sie das Interaktionsverhalten eines Kindes bzw. eines*einer Jugendlichen, mit dem*der Sie arbeiten.

- Wie wurden und werden welche Grundbedürfnisse von den Hauptbezugspersonen befriedigt?
- Welche Schemata haben sich bei dem Kind bzw. dem*der Jugendlichen entwickelt bzw. welche könnten sich entwickeln?

- Worauf sollten Sie in der Interaktion mit dem Kind bzw. dem*der Jugendlichen achten?

### 5.1.2 Der Blick auf die Fachpersonen in der Beziehungsgestaltung

Professionelle Interaktionen im psychosozialen Bereich setzen auf Seiten der Fachpersonen zweierlei Prozesse voraus. Zum einen liegt es in ihrer fachlichen Kompetenz und Verantwortung, professionelle Gespräche konkret zu planen und durchzuführen. Das Setting bzw. der Rahmen des Gesprächs kann sich unterscheiden und reicht von kurzen, ungeplanten, spontanen Kontakten über bewusste hin zu zeitlich konkret festgelegte Kommunikationseinheiten mit verschiedenen Gesprächspartner*innen. Die unterschiedlichen Gesprächsformen betrachten wir eingehender in Kapitel 5.2. Zum anderen ist es ein wichtiges Ziel professionellen Handelns, die Beziehungen zu den Interaktionspartner*innen bewusst zu gestalten. Beziehungsarbeit setzt voraus, dass die Fachpersonen bereit und fähig sind, zu sich selbst auf Distanz zu gehen und eigene Beziehungsanteile zu reflektieren. Nicht zuletzt trägt dies dazu bei, schwierige Beziehungssituationen besser handhaben zu können.

Fachpersonen entwickeln, wie jeder andere Mensch, in ihrer Biographie aufgrund ihres Temperaments und der gemachten Beziehungs- und Lernerfahrungen Schemata und Bewältigungsmodi – sowohl positive, hilfreiche, wie auch dysfunktionale oder maladaptive. Die auf der Grundlage der Schematherapie veranschaulichten Dynamiken (Triggersituationen, Auslösung von Kognitionen, Gefühlen, Bewältigungsmodi) kommen auch bei Fachpersonen in Interaktionen zum Tragen. Solche Dynamiken und Interaktionen sind jedoch bereichsspezifisch.

Während Fachpersonen ggf. feststellen, dass manche Schemata im privaten und persönlichen Bereich stark berührt und aktiviert werden, gelingt es ihnen im Rahmen professionellen Handelns vermutlich viel eher, ihre „gesunden Erwachsenenanteile“ (vgl. Clever-Modus bei Kindern und Jugendlichen) mit adäquater Gefühlsregulation, Selbstberuhigung, Selbstfürsorge, Selbstbehauptung, Abgrenzung zu nutzen und in Interaktionen eine Meta-Ebene einzunehmen. Nur so bleiben Fachpersonen handlungsfähig im Sinne eines konstruktiven und zielführenden Umgangs mit Kindern und Jugendlichen.

Es gibt jedoch Risikosituationen dafür, dass auch Fachpersonen in ein automatisiertes, dysfunktionales Interagieren fallen. Kennzeichen dafür ist, dass die Fachperson merkt, dass bei ihr in einer professionellen Interaktion mit Kindern und Jugendlichen oder deren Bezugspersonen sehr starke Emotionen ausgelöst werden, sie eventuell auch nach dem Kontakt nicht abschalten kann, die Fragestellungen und Problematik „mit nach Hause nimmt“ und damit die Schranke zwischen Beruf und Privatem überschritten wird. In manchen Fällen werden auch Handlungsimpulse ausgelöst, die als ein Übermaß an aktivem Lösungsversuch für die Problematik des Kindes oder des*der Jugendlichen beurteilt werden könnten (z. B. Herr Sch. ruft impulsiv die Mutter von B. an und teilt ihr seinen Unmut darüber mit, dass sie „B. einfach im Stich gelassen hat") und mittel- oder langfristig nicht zu einer sinnvollen Veränderung der Problemlage beitragen.

Wie kann es zu solchen Situationen, in der sich vermutlich schon jede*r im psychosozialen Bereich tätige Person schon befunden hat, kommen?

Zum einen spielen die persönlichen Ressourcen und die Lebenssituation der Fachperson eine Rolle: In manchen Lebenslagen werden Fachpersonen ein erhöhtes Stressempfinden haben, das sich sowohl aus familiären, privaten Stressoren, aber auch aus beruflichen speisen kann. Bei erhöhtem Stress ist es eine natürliche, grundsätzlich eigentlich sinnvolle Reaktion des Organismus, auf gewohnte, automatisierte Handlungs- und Erlebensmuster zurückzugreifen, um mehr Kapazitäten zur Bewältigung der Stresssituation zu haben.

In besonderen Konstellationen kann es dazu kommen, dass durch die Problemkonstellation und Ähnlichkeiten bzw. Bezüge zur Biographie der Fachperson eigene dysfunktionale Schemata aktiviert werden. Gerade im Kontakt mit gefährdeten Kindern und Jugendlichen gibt es immer wieder Situationen, in denen bei Interaktionspartner*innen heftige Gefühle, wie Mitleid, Traurigkeit, Angst oder Ärger auf die Bezugspersonen, ausgelöst werden und Fachpersonen in dysfunktionale Handlungsmuster in der Interaktion verfallen. In der Schematherapie spricht man davon, dass Fachpersonen in den „Sog" des Kindmodus geraten (Roediger, 2011, S. 24) und ggf. mit eigenen dysfunktionalen Bewältigungsmodi reagieren. Jedoch ist gerade in diesen Situationen ein überlegtes, bedachtes Handeln zentral, um Kinder und Jugendliche effektiv und nachhaltig zu schützen.

Grundsätzlich sollte eine Fachperson immer abwägen, ob es sich bei einer festgestellten Gefährdungssituation um eine akute (lebensbedrohliche) Notsituation handelt, die ein rasches, aber dennoch überlegtes Agieren verlangt oder ob bedacht mittel- oder längerfristige Veränderungen der Situation angeregt werden können. Zum konkreten Einschätzen einer Gefährdungssituation und den Handlungsmöglichkeiten soll auf Kapitel 6 verwiesen werden.

Bezüglich einer Beziehungsgestaltung im psychosozialen Bereich können Fachpersonen kontinuierlich reflektieren, ob sie in ihrem professionellen „gesunden Erwachsenenmodus" fühlen und handeln oder ob automatisierte maladaptive Schemata und Bewältigungsmodi aufgrund eines erhöhten Stresserlebens oder durch die erlebte Nähe/Ähnlichkeit von Problemkonstellationen von Kindern und Jugendlichen zur eigenen Biographie bestehen. Der „gesunde Erwachsenenmodus" zeichnet sich dadurch aus, dass ein flexibler Wechsel von funktionalen Verhaltens- und Erlebensweisen (einordnen/kooperieren, zurückhalten/abgrenzen, beruhigen/selbstfürsorglich handeln, sich behaupten/

fordern) zur Bewältigung von Interaktionen und Regulation von Emotionen möglich ist. Warnsignale dafür, dass eine Person nicht im gesunden Erwachsenenmodus reagiert sind beispielsweise sehr starke Emotionen in oder nach einer Interaktion, das Gefühl, „nicht abschalten" zu können und extreme Handlungsimpulse (Überengagement vs. Nicht-Handeln). In solchen Situationen ist es sehr wichtig, im Rahmen von Inter- oder Supervisionen das eigene Erleben und Handeln zu reflektieren und Möglichkeiten zu erarbeiten, um wieder in ein professionelles (Re-)Agieren zu kommen. In Teams und Institutionen ist es hilfreich, wenn auf der Basis von Wertschätzung, Vertrauen und Offenheit solche Beobachtungen auch von anderen Teammitgliedern gespiegelt werden können.

***Praxistipp***

Fachpersonen sollten immer reflektieren, ob sie sich von bestimmten Problemstellungen genügend fachlich distanzieren können oder ob eigene Themen oder Problemlagen in der Interaktion ausgelöst werden. Wenn in diesen Interaktionen eigene Themen bzw. negative Gefühle zu sehr aktiviert werden, ist es ggf. sinnvoll, wenn ein*e Kolleg*in die weitere psychosoziale Arbeit übernimmt.

## 5.2 Welche unterschiedlichen Kommunikations- und Gesprächssituationen im psychosozialen Kontext mit gefährdeten Kindern und Jugendlichen gibt es?

Kommunikations- und Gesprächssituationen in psychosozialen Settings können variieren. Dabei kann ein „Tür-und-Angel-Gespräch" von einem geplanten, verabredeten und zeitlich terminierten Gespräch unterschieden werden. Geplante Gespräche können in der psychosozialen Arbeit mit gefährdeten Kindern und Jugendlichen in Gespräche mit dem Kind bzw. dem*der Jugendlichen, Gespräche mit den Bezugspersonen und Gespräche mit beiden Personengruppen eingeteilt werden.

### 5.2.1 Tür-und-Angel-Gespräche

Tür-und-Angel-Gespräche nehmen in der Arbeit mit Kindern und Jugendlichen in vielerlei Hinsicht eine wichtige Funktion ein. Es handelt sich um Gespräche von kurzer Dauer, die meist parallel zu anderen Tätigkeiten durchgeführt werden. Solche Gespräche können bewusst oder beiläufig dem Austausch wesentlicher Informationen dienen (z. B. berichtet B. der Schulsozialarbeiterin im Vorbeigehen, dass er ein Wochenende mit der Mutter vereinbart hat) oder aber vertrauensbildend und beziehungsfördernd wirken (z. B. der

Klassenlehrer Herr Sch. erkundigt sich beim Verlassen des Klassenzimmers bei B., wie es ihm geht und zeigt damit ein ehrliches Interesse an dem Jungen).

Für das erfolgreiche Gelingen von Tür-und-Angel-Gesprächen kann Folgendes berücksichtigt werden (vgl. Ripper & Ripper, 2018, S. 298):

- *Hohe Konzentration:* Da diese Gespräche in störungsanfälliger Umgebung, teilweise unter einem hohen Lärmpegel oder der Anwesenheit anderer Personen durchgeführt werden, sollte sich die Fachperson stark auf den*die Gesprächspartner*in fokussieren.
- *Zugewandtheit:* Selbst wenn die Fachperson gleichzeitig eine andere Tätigkeit durchführt, kann sie dem Kind bzw. dem*der Jugendlichen (z. B. durch Blickkontakt) signalisieren, dass er*sie für das Gegenüber da ist.
- *Filterkompetenz:* Da der Inhalt eines Tür-und-Angel-Gesprächs von Small-Talk über relevante Gefährdungsaspekte reichen kann, müssen die Fachpersonen oft rasch abschätzen, wie wichtig die Inhalte des Gesprächs sind – dies ist natürlich oft eine Herausforderung.
- *Zusammenfassen:* Der Inhalt des Gesprächs kann am Ende kurz zusammengefasst werden, wenn es sich um eine wichtige Information bzw. Absprache handelt, damit sich das Kind oder der*die Jugendliche verstanden fühlt.
- *Beendigungskompetenz:* Da es sich um kurze Gespräche handelt und meist andere Tätigkeiten anstehen, sollte das Gespräch auch klar beendet werden.

Wenn eine Fachperson in einem solchen Tür-und-Angel-Gespräch Informationen über eine mögliche Gefährdung eines Kindes bzw. eines*einer Jugendlichen erhält, sollte sie zeitnah ein Protokoll des Gesprächs anfertigen und ggf. weitere Handlungsschritte (z. B. ausführliches, vereinbartes Gespräch; Gespräch mit Bezugspersonen) einplanen (siehe für weiteres Vorgehen und Handlungsempfehlungen Kapitel 6).

### 5.2.2 Geplante Gespräche/Beratungsgespräche mit gefährdeten Kindern und Jugendlichen

Im Kontextmodell der Beratung (Knafla, Schär & Steinebach, 2016 in Anlehnung an Wampold & Budge, 2011) wird ein Rahmenmodell für Gespräche und die Beratung Jugendlicher gegeben. Dieses ist auch auf Kinder übertragbar. Ziel ist es, dass sich allgemein das Wohlbefinden des Kindes bzw. des*der Jugendlichen steigert. Die Beziehungsgestaltung, die Handlungsplanung und die Motivation wirken auf den Beratungsprozess ein.

Ein konstruktives Arbeitsbündnis zwischen Kindern bzw. Jugendlichen und Fachpersonen entsteht dann, wenn wechselseitiges Vertrauen, Offenheit und Transparenz, Zugewandtheit und Empathie, Akzeptanz und Wertschätzung, Kontinuität und Verlässlichkeit, Anerkennung und Respekt geschaffen werden. Dabei ist von der Fachperson immer auf das Entwicklungsalter des Gegenübers sowie auf Sprache, Inhalte und Methodik zu achten. In Kapitel 6 werden wir uns tiefergehend mit einer altersabhängigen Gesprächsführung beschäftigen, die beim Vorkommen oder vermuteten Vorkommen von Gefährdungen relevant ist, um valide Informationen einzuholen und Kinder nicht suggestiv zu befragen. In diesem Kapitel möchten wir uns an dieser Stelle eher auf den Rahmen und die übergeordneten Ziele der Gespräche mit Kindern und Jugendlichen konzentrieren.

Grundsätzlich gibt es bei gefährdeten Kindern und Jugendlichen verschiedene Kontaktanlässe für Gespräche bzw. Beratungen: Kinder und Jugendliche können selbst den Wunsch an einem Gespräch äußern bzw. auf eine Fachperson zugehen. Manchmal informieren besorgte Dritte die Fachperson und bitten um ein Gespräch mit dem Kind oder dem*der Jugendlichen, teilweise ergeben sich aber auch Zwangskontexte (z. B. hohe Fehlzeiten in der Schule).

Je nach Vorstellungsanlass liegt eine unterschiedliche Gesprächs- oder Beratungsmotivation vor. Während Kinder sich oft grundsätzlich bereitwillig auf Gespräche mit Fachpersonen einlassen, sind Jugendliche häufig ohnehin ambivalent: Sie wollen selbstständig sein, selbstbestimmt, die räumliche und zeitliche Verbindlichkeit von Gesprächen und Beratungen wirkt teilweise abschreckend auf sie. Von Erwachsenen fühlen sie sich oft missverstanden, auf der anderen Seite besteht aber auch ein Leidensdruck und wünschen sie sich Hilfe.

***Praxistipp***

Sollte deutlich werden, dass die Kinder bzw. Jugendliche eine eher geringe Motivation zu den Gesprächen haben, so kann in Anlehnung an die Motivierende Gesprächsführung (vgl. Naar-King & Suarez, 2012) gezielt an einer Stärkung der Motivation gearbeitet werden. In der psychosozialen Beratung von Jugendlichen ist der erste Kontakt wesentlich: Jugendliche treffen in der ersten Sekunde die Entscheidung, ob jemand vertrauenswürdig ist oder nicht (Willis & Todorov, 2006). Die Abbruchquote ist hoch, vor allem nach dem Erstgespräch. Von daher ist es wichtig, dass die Fachperson von Anfang an den Kontakt so gestaltet, dass das Kind bzw. der*die Jugendliche Vertrauen hat und sich verstanden fühlt.

Die in der Gesprächspsychotherapie (Rogers, 2004) entwickelte therapeutische Haltung (Merkmale: bedingungsfreie positive Beachtung, einfühlendes Verstehen und Echtheit/Kongruenz) hilft ganz allgemein in Gesprächen und Beratungen, eine vertrauensvolle Beziehung zu Interaktionspartner*innen und Bezugspersonen von Anfang an aufzubauen. Um ein optimales Gesprächsergebnis (besseres Wohlbefinden, Problemreduktion) zu erhalten, sorgen die professionelle Beziehung und die Ressourcenaktivierung für bedürfnisbefriedigende Erfahrungen. Problemlöseorientierte Handlungen tragen dazu bei, neue Erlebens- und Verhaltensmuster anzubahnen, das soziale Netz zu aktivieren oder auszuweiten und Konflikte zu reduzieren. Die Gesprächsinhalte können am Ende zusammengefasst, Handlungen transparent vereinbart und Rückmelde- und Monitoring-Kontakte vereinbart werden.

### 5.2.3 Gespräche mit Bezugspersonen

Gespräche mit Bezugspersonen sind aufgrund der unterschiedlichen Erwartungen und Ziele der Interaktionspartner*innen komplex. Auch kennen die Fachpersonen die Bezugspersonen der Kinder und Jugendlichen meist weniger gut und können so Schemata bzw. Bewältigungsmodi in Interaktionen zwar wahrnehmen, aber oft weniger gut einordnen.

Wichtig bei Gesprächen mit Bezugspersonen ist es, dass geklärt wird, wer der*die „Hauptauftraggeber*in" für das Gespräch ist und welches Ziel verfolgt werden soll. Die Fachperson sollte den Rahmen des Gesprächs konkret festlegen, rechtzeitig mitteilen und mit relevanten Personen – wenn sinnvoll – vorbereiten. Zu Beginn eines Gesprächs ist es wichtig, die Ziele und Erwartungen der einzelnen Teilnehmer*innen abzufragen. Alle Gesprächsteilnehmer*innen sollten angepasst an den jeweiligen Bedarf gehört werden. Am Ende sollten die Ergebnisse genau festgehalten und ebenfalls Rückmeldemöglichkeiten vereinbart werden. Gerade wenn es um die Abwendung von Gefährdungen geht, sind schriftliche Protokollierung und klare Absprachen relevant.

***Praxistipp***

Manchmal fällt es Fachpersonen schwer, konstruktiv mit Bezugspersonen zusammenzuarbeiten. Die Bezugspersonen erscheinen zum Beispiel nicht erreichbar, bagatellisieren, treten aggressiv auf oder werten ab. In Anlehnung an die Schematherapie würde man solche Verhaltensweisen als dysfunktionale Bewältigungsmodi der Bezugspersonen werten. So könnte zum Beispiel angenommen werden, dass eine Mutter, die eine Problemlage bagatellisiert (z. B. Tochter ist untergewichtig, die Mutter betont wiederholt, die Tochter würde ausreichend und sehr gesund essen), stark empfundene negative Gefühle (z. B. Angst) dadurch dysfunktional reguliert. Es hilft oft, wenn Fachpersonen in solchen Fällen Einzelgespräche mit dem jeweiligen Elternteil durchführen, um deren biographische Hintergründe und ihre kognitiven Muster besser zu verstehen. Dadurch können Fachpersonen die Bedürfnisse des Elternteils in Gesprächssituationen besser einordnen und gleichzeitig können sie das Elternteil gezielt dazu anleiten, ihrem Kind gegenüber wertschätzend, aber auch klar und konsequent aufzutreten.

***Rückbezug zum Fallbeispiel***

Deutlich wird zunächst, dass bei B. aufgrund der Erfahrungen mit seinen Eltern (Trennung, Umzug der Mutter, neue Partnerschaft der Mutter, Geburt des Halbbruders, Partnerschaft des Vaters, wird viel allein gelassen) die Grundbedürfnisse nach Sicherheit und Schutz, aber auch nach Geborgenheit und Bindung frustriert wurden. Darüber hinaus werden seine Bedürfnisse wenig beachtet, er muss plötzlich sehr autonom sein (Überforderung) und hat keine*n Ansprechpartner*in für emotionale Anliegen oder Probleme. Durch die häufige Abwesenheit des Vaters fehlen ihm auch angemessene Strukturen und Grenzen. Er muss sich im Alltag zum Großteil selbst organisieren und steuern, was aufgrund seines Entwicklungsalters eine zu große Herausforderung für ihn darstellt. Als positiv kann sicher benannt werden, dass B. die ersten Jahre vor der Trennung gut von seinen Eltern versorgt und gefördert wurde und er auch heute noch ein grundsätzlich wertschätzendes Verhältnis zum Vater hat. Der Vater ist stolz auf seinen Sohn, traut ihm (zu) viel zu, sie haben gemeinsamen Spaß und Interessen. Die Mutter versucht konstant Kontakt zum Sohn zu bekommen und zeigt damit Interesse an ihm, aber B. wehrt dies ab. B.s maladaptive Schemata sind noch nicht stark verfestigt, er hat viele Ressourcen (z. B. ist er intelligent, hat Freund*innen). Als zentrales maladaptives Schema bildet sich die Angst vor dem Verlassenwerden heraus, worauf er mit Vermeidung reagiert. Er zieht sich zurück, geht keine tiefergehenden Beziehungen mehr ein. Der Mutter gegenüber distanziert er sich, wirkt „kalt“ (passive Gefühlsregulierung).

Herr Sch. (Klassenlehrer) hat seine Schüler*innen gut im Blick, er führt mit ihnen immer wieder Tür-und-Angel-Gespräche, um im Kontakt zu sein, Interesse an ihnen zu zeigen. Ihm fallen B.s Fehlzeiten auf und er spricht B. zunächst in einem solchen kurzen Kontakt wiederholt an, plant dann ein ausführlicheres Gespräch mit ihm. In diesem Gespräch ist er mit den maladaptiven Bewältigungsmodi von B. konfrontiert. B. verhält sich abweisend, distanziert, nimmt Gespräche nicht wahr. Dies löst bei Herrn Sch. zunächst Hilflosigkeit und Sorge aus. Im Gespräch mit dem Vater entsteht bei ihm Wut über die Eltern. Herr Sch. hat selbst zwei Kinder in ähnlichem Alter wie B., er empfindet starkes Mitleid mit dem Jungen, denkt viel über ihn nach und bietet dann – obwohl er keine Zeit hat – Nachhilfe für B. an. Als dieser das ablehnt, wird er auch auf B. ärgerlich. Herr Sch. nimmt diese Gefühle bei sich wahr und wendet sich deshalb an die Schulsozialarbeiterin. Sie hat die Möglichkeit, mit B. Beratungsgespräche durchzuführen, erkennt seine Bewältigungsmodi. Frau E. versucht, seine Bedürfnisse nach Verlässlichkeit zu befriedigen, indem sie sehr zuverlässig und geduldig für ihn da ist. Sie arbeitet an seiner Motivation für die Gespräche und spricht mit ihm das Elterngespräch durch. Dieses bereitet sie gut vor, trifft Vereinbarungen, verabredet Rückmeldegespräche. Frau E. nimmt jedoch auch wahr, dass B. mehr Bedarf hat, an seinen Schemata zu arbeiten, weshalb sie eine Vorstellung in einer Beratungsstelle anbahnt.

## 5.3 Zusammenfassung

In Kapitel 5 wird die Beziehungsgestaltung von Fachpersonen zu gefährdeten Kindern und Jugendlichen vertieft. Zunächst wurden die in einer für Kinder und Jugendliche im Aufwachsen relevanten Grundbedürfnisse (Bedürfnis nach Autonomie und im Erleben von Selbstwirksamkeit, nach Spontanität und Spaß/Spiel, nach Selbstwerterhöhung und Anerkennung, nach Identität, Struktur und Konsistenzerleben) erläutert.

Gefährdete Kinder und Jugendliche machen in ihrem Aufwachsen häufig negative Beziehungserfahrungen bzw. werden diese Bedürfnisse von den Hauptbezugspersonen nur unzureichend befriedigt, wodurch negative Schemata entstehen. In bestimmten Interaktionssituationen werden bei Kindern und Jugendlichen dysfunktionale Schemata aktiviert, die teilweise zu heftigen emotionalen Reaktionen oder aber zu einer Aktivierung von Bewältigungsmodi zur Regulation dieser Emotionen führen. Je nach Setting, in dem eine Fachperson mit den Kindern bzw. Jugendlichen zusammenarbeitet, ist es ihnen mehr oder weniger möglich, die Hintergründe, die „hintere Bühne" zu erkunden und die vordergründig gezeigten Verhaltensweisen einzuordnen, um passgenau die frustrierten Bedürfnisse in einer Interaktion zu befriedigen. In der beruflichen Kompetenz der Fachpersonen liegt es, professionelle Gespräche konkret zu planen und durchzuführen. Das Setting bzw. der Rahmen der Gespräche reicht von kurzen, ungeplanten, spontanen Kontakten bis hin zu zeitlich konkret festgelegten Kommunikationseinheiten mit verschiedenen Gesprächspartner*innen. Beziehungen zu Interaktionspartner*innen sollten bewusst gestaltet und auch eigene Beziehungsanteile regelmäßig reflektiert werden. Fachpersonen haben in Gesprächen mit gefährdeten Kindern und Jugendlichen viel Verantwortung: Sie sollten immer abwägen, ob es sich bei einer festgestellten Gefährdungssituation um eine akute (lebensbedrohliche) Notsituation handelt, die ein rasches, aber dennoch überlegtes Agieren verlangt oder ob bedacht mittel- oder längerfristige Veränderungen nagebahnt werden können.

# 6. Welche Handlungsstrategien können Fachpersonen im psychosozialen Kontext bei der Arbeit mit gefährdeten Kindern und Jugendlichen empfohlen werden?

Zielgruppe dieses Buches sind Fachpersonen im psychosozialen Bereich, die über unterschiedliche berufliche Hintergründe verfügen, in verschiedenen Institutionen und Einrichtungen arbeiten und dort auch unterschiedliche professionelle Rollen ausfüllen. Es eint sie die Arbeit mit Kindern und Jugendlichen. Jede*r von ihnen ist darum bemüht, die Kinder und Jugendlichen in einer gesunden Entwicklung zu unterstützen und deren Resilienz zu fördern. Im beruflichen Alltag werden sie aber auch immer wieder mit Gefährdungslagen konfrontiert werden. Um diese valide zu erkennen, ist es wichtig, dass Fachpersonen über fundiertes Wissen über eine gesunde Entwicklung von Kindern und Jugendlichen verfügen und kritische Abweichungen und Verhaltensauffälligkeiten erkennen.

Die vorausgehenden Kapitel haben sich mit diesen grundlegenden Themen beschäftigt. Es wurden verschiedene Gefährdungssituationen genauer betrachtetet, denen Kinder und Jugendliche ausgesetzt sein können und die Beziehungsgestaltung in der Arbeit mit gefährdeten Kindern und Jugendlichen wurde genauer reflektiert.

In diesem Kapitel sollen nun abschließend konkrete Handlungsstrategien dargestellt werden, die Fachpersonen helfen können, Gefährdungssituationen wirkungsvoll zu verändern.

## 6.1 Welche Grundlagen der Interventionen bei Gefährdungssituationen sollten berücksichtigt werden?

Handlungsleitend für Fachpersonen im psychosozialen Tätigkeitsfeld im Umgang mit Gefährdungssituationen sind die Kenntnis und Reflexion verschiedener Grundlagen. Die Kenntnis und Reflexion …

- des beruflichen Hintergrunds, der Rolle und organisatorischer Festlegungen,

- der Berufsordnung und der Berufsethik,
- der Schweigepflicht,
- der Leitlinien zum Kinderschutz und Kindeswohlgefährdung nach § 1666 I BGB,
- der Gesprächsführung mit gefährdeten Kindern und Jugendlichen und hilfreichen Fragen im Gespräch,
- der Voraussetzungen für eine „Aussagefähigkeit", der Motivation von Kindern und Jugendlichen, die „Wahrheit" zu erzählen und
- der verfügbaren Präventions- und Interventionsmaßnahmen.

### 6.1.1 Beruflicher Hintergrund, Rolle und organisatorische Festlegungen

Der berufliche Hintergrund und die spezifische Position bzw. Rolle legt fest, welche Aufgabe eine Fachperson im Umgang mit gefährdeten Kindern und Jugendlichen einnehmen kann und welche Professionen ggf. hinzuzuziehen sind. Eine Lehrkraft in der Schule kann beispielsweise eine Gefährdungssituation erkennen, mit dem Kind bzw. dem*der Jugendlichen und den Bezugspersonen erste Gespräche führen, wird dann aber die Schulsozialarbeit hinzuziehen, wenn vertiefte, beraterische Gespräche oder die Einleitung von externen Hilfen notwendig sind. In manchen Fällen ist es wichtig, dass Kinder und Jugendliche kinder- und jugendärztlich untersucht werden oder psychotherapeutische bzw. kinder- und jugendpsychiatrische Hilfen wie auch die Unterstützung durch das Jugendamt initiiert werden. Ganz wichtig ist es, sich mit dem festgelegten Vorgehen in der Institution/Einrichtung vertraut zu machen, in der eine Fachkraft arbeitet, da dies oft das jeweilige Vorgehen strukturiert und erleichtert. Zu denken ist hier beispielsweise an eine Mobbingsituation, die in einer Schulklasse über einen längeren Zeitraum auftritt, wie im Fallbeispiel S. Wenn eine Schule bereits in ihrem Leitbild ein respektvolles soziales Miteinander betont, bestimmte Ansprechpartner*innen beim Vorkommen von Mobbing (z. B. Beratungslehrkraft als Mobbingbeauftragte*r benannt) und Vorgehensweisen (z. B. bestimmte Konsequenzen und Gesprächsstrategien) festgelegt sind, dann können eine Lehrkraft, aber auch Eltern rascher und wirkungsvoller handeln. In dem Fallbeispiel kannte weder S. noch ihre Eltern Strategien der Schule im Umgang mit Mobbing. Die Klassenlehrerin war zwar emotional unterstützend, aber nicht effektiv bezüglich der Reduktion von Mobbing und Cybermobbing.

Fachpersonen sollten sich ihrer Rolle, ihrer Kompetenzen, aber auch der Grenzen ihrer Möglichkeiten – entweder fachlicher Art oder weil es ihre berufliche Funktion nicht zulässt – bewusst sein. Ein „Überengagement" über eigene fachliche, rollenspezifische und teilweise auch persönliche Grenzen hinweg ist zur Veränderung von Gefährdungssituationen mittel- und langfristig häufig wenig hilfreich. Sinnvoller ist es, Ansprechpartner*innen und Zuständige in der eigenen Einrichtung/Institution und im Hilfenetzwerk vor Ort zu kennen und bei Bedarf auch einzuschalten.

### 6.1.2 Berufsordnung und Berufsethik

Jede Tätigkeit im psychosozialen Bereich in der Arbeit mit Kindern und Jugendlichen hat das Potenzial, erheblich in den Kernbereich der Persönlichkeit, der Privatsphäre und der Lebensplanung der anvertrauten Kinder und Jugendlichen und ggf. auch deren Bezugspersonen einzugreifen. Deshalb ist die Auseinandersetzung mit der jeweiligen Berufsethik wesentlich. Sie hilft Fachpersonen, Ziele und Methoden des professionellen Denkens, Handelns und der wissenschaftlich notwendigen Weiterentwicklungen verantwortlich zu gestalten und Grenzen des eigenen Kompetenz- und Verantwortungsbereichs zu erkennen. Eine spezifische Berufsordnung legt wesentliche Aspekte fest, die im beruflichen Alltag berücksichtigt werden müssen.

Als Beispiel könnte hier benannt werden, dass Herr Sch. im Fallbeispiel „B." sehr betroffen von der Situation des Jungen ist und ihm anbietet, nach der Schule mit ihm regelmäßig Fußball zu spielen. Dadurch würde er zwar kurzfristig B.s Einsamkeit reduzieren, aber es wäre grenzüberschreitend bezüglich seines beruflichen Auftrags. Berufs- und Freizeitalltag würden sich mischen.

### 6.1.3 Schweigepflicht der Fachpersonen und Einverständnis der Betreffenden

Als Grundlage einer vertrauensvollen Zusammenarbeit von Kindern, Jugendlichen, Bezugspersonen und Fachpersonen im psychosozialen Bereich unterliegen Fachpersonen einer Schweigepflicht, die in der jeweiligen Berufsordnung ausformuliert ist. Eine Verletzung der Schweigepflicht ist gesetzlich durch § 203 (Verletzung von Privatgeheimnissen) im Strafgesetzbuch geregelt. Liegt eine Gefährdungssituation vor, so muss die Fachperson zwischen Schweigepflicht, Schutz des Kindes bzw. des*der Jugendlichen, Schutz eines*einer Dritten bzw. dem Allgemeinwohl abwägen und ggf. Maßnahmen zum Schutz des Kindes bzw. des*der Jugendlichen oder Dritter ergreifen.

Alle Handlungsempfehlungen in Gefährdungssituationen setzen zunächst das Einverständnis der Betreffenden voraus. Es kann sich dabei entweder um den*die Personenberechtigte*n handeln oder aber den*die einwilligungsfähige*n Minderjährige*n. Nach Lohse et al. (2018) legen drei Kriterien die Einwilligungsfähigkeit fest.

- *Einsicht:* Inwieweit ist ein Kind bzw. ein*e Jugendliche*r in der Lage, die Art, Tragweite, Konsequenzen und Risiken von geplanten Maßnahmen zu verstehen?
- *Urteil:* Inwieweit ist ein Kind bzw. ein*e Jugendliche*r in der Lage, Nutzen und Risiken der Maßnahmen abzuwägen und eine willensbasierte, eigenständige Entscheidung zu treffen?
- *Steuerung:* Inwieweit ist ein Kind bzw. ein*e Jugendliche*r in der Lage, sein*ihr Handeln entsprechend dieser Einsicht zu steuern?

***Rückbezug zum Fallbeispiel***

Am Fallbeispiel „L." können diese Kriterien veranschaulicht werden. Als L. ein Kind war, hat sie noch nicht wirklich verstanden, dass die Mutter an einer Beruhigungstablettensucht leidet und welche Folgen für die Mutter, aber auch für die Entwicklung von ihr und ihren Brüdern damit verbunden waren. Das heißt, dass L. bei einer Trennung der Eltern im damaligen Alter nicht „einwilligungsfähig" (noch nicht ausreichend einsichtig, urteilsfähig bzw. hätte sie ihr Verhalten auch nicht der Einsicht nach steuern können) gewesen wäre. Ein Beispiel wäre die Entscheidung, bei der Mutter aufzuwachsen, obwohl sie immer die Sehnsucht nach ihr hatte. In einem späteren Entwicklungsalter bzw. im Jugendalter haben sie und ihre Brüder gegen den Willen des Vaters die Entscheidung getroffen, bei der Mutter leben zu wollen. Natürlich hatte sich die Situation geändert: Die Mutter war nicht mehr schwer tablettenabhängig, aber dennoch spielte das Thema weiterhin eine Rolle. L. wurde damals jedoch als „einwilligungsfähig" bezüglich dieser Entscheidung beurteilt. Als Jugendliche verstand sie die Problematik der Tablettensucht, sie konnte ausreichend die Konsequenzen ihres Umzugs abschätzen und auch die Risiken verstehen. Darüber hinaus war sie in der Lage, eine eigenständige Entscheidung unter Kosten-Nutzen-Abwägungen zu treffen und es war ihr möglich, ihr Verhalten im Sinne der Einwilligungsfähigkeit zu steuern (z. B. zu wissen, dass die Mutter teilweise wenig verlässlich ist und dahingehend ihre Anliegen selbst zu übernehmen oder nach Unterstützung zu fragen).

## 6.2 Leitlinien zum Kinderschutz – Kindeswohlgefährdung nach § 1666 I BGB

Die im Jahre 2018 veröffentlichten Leitlinien zum Kinderschutz beinhalten „Handlungsempfehlungen zum Schutz und zur Förderung von Kindern und Jugendlichen. Alle Fachkräfte aus den Bereichen des Gesundheitswesens, der Jugendhilfe und Pädagogik sollen sowohl für das Erkennen und den Umgang mit einer Kindesmisshandlung, -vernachlässigung oder einem sexuellen Missbrauch als auch für die Vermittlung von Unterstützungen bei Bedarfen von Kindern, Jugendlichen und ihren Familien sensibilisiert und unterstützt werden. Eine rechtliche Grundlage ist das Gesetz zur Kooperation und Information im Kinderschutz (KKG)“ (AWMF, 2018, S. 3).

Diese Leitlinien legen sehr systematisch ein bedachtes und wirkungsvolles Vorgehen bei Gefährdungen von Kindern und Jugendlichen fest. Eine Kindeswohlgefährdung im Sinne des § 1666 I BGB liegt dann vor, wenn …

- aktuell eine Gefahr in erheblichem Ausmaß festgestellt wird und
- bei einem weiteren Aussetzen des Kindes bzw. des*der Jugendlichen mit dieser Gefährdungssituation eine erhebliche Schädigung des geistigen oder leiblichen Wohls des Kindes bzw. des*der Jugendlichen mit hinreichender Wahrscheinlichkeit zu erwarten ist.
- Außerdem: Je schwerer der angenommene Schaden ist, umso geringer sind die Anforderungen an die Wahrscheinlichkeit des Schadenseintritts zu stellen.

Bei Verdacht auf Kindeswohlgefährdung soll nach dem Gesetz zur Kooperation und Information im Kinderschutz (KKG) vorgegangen werden. Dieses Vorgehen sieht drei wesentliche Schritte vor.

- *Schritt 1 – Orientierung (eigene Einschätzung):* Gespräch bzw. Erörterung der Sorge/Situation, der Ressourcen/Belastungen und der Gefährdungseinschätzung mit dem Kind bzw. dem*der Jugendlichen und den Personenberechtigten. Die Fachperson soll mit den ihr zur Verfügung stehenden Möglichkeiten darauf hinwirken, dass wirkungsvolle Maßnahmen und Hilfen in Anspruch genommen werden, die die Situation verbessern können. Wesentlich ist, dass der Schutz des Kindes bzw. des*der Jugendlichen dadurch nicht gefährdet ist.

Wenn diese Maßnahmen nicht ausreichen oder die Betreffenden nicht dazu bereit oder in der Lage sind, diese Hilfen anzunehmen und umzusetzen, so folgt der nächste Schritt.

- *Schritt 2 – Beratung (gemeinsame Einschätzung):* Eine Fachkraft aus dem eigenen Bereich oder eine insoweit erfahrene Fachkraft des Jugendamtes soll in pseudonymisierter Form hinzugezogen werden, um die Einschätzung der Gefährdung zu objektivieren, die Prognose, Entwicklung und Einschätzung zu reflektieren und sicher zu vermitteln. Die fachliche Beratung durch eine insoweit erfahrene Fachkraft ist nach § 4 II KKG, § 8b I SGB VIII geregelt. Lokale Ansprechpartner*innen sind beim Jugendamt der Stadt oder Gemeinde regional zu erfragen. Ansprechpartner*innen der Kinderschutzgruppen in Deutschland sind auf der Homepage der DGKiM gelistet (www.dgkim.de/kinderschutzgruppen), darüber hinaus kann die

Medizinische Kinderschutzhotline (0800 19 210 00) in Anspruch genommen werden.

- *Schritt 3 – Befugnis (Mitteilung an das Jugendamt):* Zur Abwendung einer Gefährdung von Kindern und Jugendlichen sind die Geheimnisträger*innen befugt, das Jugendamt über die Gefährdungssituation zu informieren. Damit liegt der gesetzliche Auftrag zur Einschätzung des Kindeswohls beim Jugendamt. Die Betroffenen sollen – soweit das Kindeswohl dadurch nicht gefährdet wird – über diesen Schritt informiert werden.

Fachkräfte sollen bei jedem Verdacht auf eine Kindeswohlgefährdung einen Ablaufplan berücksichtigen. Der Ablaufplan sieht vor, dass zunächst ein Gespräch stattfindet, Begleitumstände erfasst werden, die Informationen und Einschätzungen ausführlich dokumentiert werden. Diese sollen dann mit dem Kind bzw. dem*der Jugendlichen und den Bezugspersonen erörtert werden. Es erfolgt sodann eine Beratung des Kindes bzw. des*der Jugendlichen und der Bezugspersonen und ggf. der Fachkraft. Es findet ein fachlicher Austausch statt und Handlungen mit allen Beteiligten werden transparent geplant und wirkungsvoll umgesetzt.

***Rückbezug zum Fallbeispiel***

Illustriert werden kann dieses Vorgehen am Fallbeispiel „B.“: Der Klassenlehrer hat hier bemerkt, dass B. viele Fehlzeiten in der Schule hat. Dabei handelt es sich um eine chronische Gefährdungssituation, da Kinder und Jugendliche auf Dauer sowohl schulisch, aber auch sozial Defizite entwickeln. Er hat im ersten Schritt nachgefragt, um genauere Informationen zu erhalten, auch mit dem Vater gesprochen. Dabei wurde deutlich, dass sich B. auch viele Zeiten selbst überlassen ist (Vernachlässigung). Er hat eine Sozialarbeiterin eingeschaltet, die den Fall weiter betreut hat. Es hat sich in diesem Fall verdeutlich, dass die Sozialarbeiterin mit eigenen Mitteln die Gefahr abwenden konnte, die Eltern zeigten sich einsichtig und veränderungsbereit und es traten tatsächlich Veränderungen ein.

Wäre B. jünger gewesen (z. B. 7 Jahre alt) und der Vater hätte ihn über längere Zeiträume allein gelassen, wäre ein deutlich höheres Gefahrenpotenzial vorgelegen und die Sozialarbeiterin hätte rascher auf Änderungen drängen und diese kontrollieren müssen. Wäre der Vater nicht kooperativ gewesen, so hätte sie sich anonymisiert Rat beim Jugendamt einholen können. Bei keiner Veränderungsabsicht des Vaters oder der Mutter hätte die Sozialarbeiterin eine Meldung beim Jugendamt machen müssen. Alle Schritte und Überlegungen sollten genau dokumentiert werden.

## 6.3 Gesprächsführung mit gefährdeten Kindern und Jugendlichen

Gespräche mit gefährdeten Kindern und Jugendlichen können über unterschiedliche Zugangswege zustande kommen. Entweder sie kommen eigenmotiviert auf eine Fachperson zu, werden von Dritten geschickt oder die Fachkraft initiiert aufgrund eigener Beobachtungen bzw. Verdachtsmomente heraus ein Gespräch, um die Anhaltspunkte zu objektivieren. Manchmal findet ein Gespräch auch im Rahmen von Zwangskontexten statt (z. B. muss ein Junge zur Schulleitung, weil er ständig den Unterricht schwänzt).

Für das Gelingen von Gesprächen mit Kindern und Jugendlichen in Gefährdungssituationen – egal über welchen Zugangsweg das Gespräch zustande kommt – können verschiedene Aspekte berücksichtigt werden. In Kapitel 5 wurde bereits die Haltung der Fachpersonen gegenüber den Kindern und Jugendlichen und der grundlegenden Beziehungsgestaltung betrachtet. In diesem Abschnitt sollen die Gesprächsführung, aber auch die Aussagefähigkeit ins Zentrum der Überlegungen gestellt werden.

### 6.3.1 Gesprächshaltung und hilfreiche Fragen

Zunächst ist es relevant, dass Fachpersonen im Rahmen eines solchen Gesprächs ruhig bleiben, gut zuhören, offen, interessiert und wertungsfrei nachfragen. Um Informationen zu erhalten und einen Überblick über Geschehnisse, Erfahrungen und Erlebnisse zu bekommen, eignen sich sogenannte W-Fragen:

- Was war oder ist los? Was hast du erlebt?
- Wie kann ich das genau verstehen?
- Wann ist das gewesen?
- Woher kennst du Person X?
- Wer war dabei?
- Was hast du getan?

Teilweise wird es wichtig sein, bestimmte Inhalte zu konkretisieren, hier können dann geschlossene Fragen genutzt werden:

- Ist das auf dem Schulhof passiert oder an einem anderen Ort in der Schule?
- Warst du allein?
- Wusste niemand, wohin du gehst?
- Hast du mit einer Freundin darüber gesprochen?
- Hat deine Mutter davon erfahren?

Natürlich ist darauf zu achten, nicht suggestiv[8] zu fragen. Auf die Problematik der Suggestibilität wird in Kapitel 6.3.2 genauer eingegangen.

Fachpersonen sollten dem Kind bzw. dem*der Jugendlichen transparent erklären, wie es weitergehen wird und was sie unternehmen müssen. Sie sollten sich auf jeden Fall zeitnah Notizen zu dem Gespräch machen. Sehr wichtig ist es auch, verschiedene Informationsquellen zu nutzen und Informationen breit gefächert einzuholen. Alle Handlungsschritte, die wir in diesem Kapitel genauer beleuchten, sollten sehr bedacht und überlegt gewählt werden, denn überstürzte Handlungen können zum einen Kinder und Jugendliche verunsichern, aber auch den weiteren Verlauf und die Lösung der Problematik mittel- und langfristig erschweren.

### 6.3.2 Voraussetzungen für „Aussagefähigkeit"

Das Alter und Entwicklungsalter des gefährdeten Kindes und Jugendlichen spielen für die Gesprächsführung, die Einschätzung der erhaltenen Informationen und die Gefährdungseinschätzung eine wichtige Rolle. Je nach Rahmen und Funktion bzw. Rolle der Fachperson kann es sein, dass Kinder und Jugendliche zunächst „testen", ob sie der Fachpersonen vertrauen können und stellvertretend Probleme anderer Personen erzählen (z. B. eine Gefährdung einer Freundin). Auch „häppchenweise" die eigene Problematik zu berichten ist dabei möglich. Dies dient dem Kind bzw. dem*der Jugendlichen unbewusst dazu herauszufinden, ob er*sie der Fachpersonen trauen und diese auch verantwortungsvoll handeln kann.

In vielen Fällen wird es sich bei den Gesprächen mit den Kindern und Jugendlichen nicht um stringent und konkret erzählte Verläufe handeln. Gerade bei jüngeren Kindern sind verschiedene Besonderheiten zu beachten. Manchmal werden sich Fachpersonen fragen, ob das Erzählte „überhaupt stimmen kann". Um dies besser einordnen zu können, sollen die Voraussetzungen vertieft werden, Inhalte berichten zu können. Man spricht hier auch von einer „Aussagefähigkeit". Dabei handelt es sich um ein komplexes Geschehen.

Die Voraussetzungen für die grundlegende „Aussagefähigkeit" sind, dass Kinder in der Lage und fähig sind, Situationen wahrzunehmen. Sie müssen Inhalte über einen längeren Zeitraum im Gedächtnis behalten, die Quellen von Angaben und Informationen einschätzen sowie Erlebnisinhalte eigenständig abrufen können. Um Fragen „richtig" beantworten zu können, müssen sie

8 Suggestiv zu fragen bedeutet, dass jemand einer anderen Person mit einem bestimmten Ziel Fragen stellt und darauf abzielt, diese Person zu manipulieren.

über die Fähigkeit verfügen, nachvollziehbare Schilderungen zu produzieren, sie benötigen ein gewisses sprachliches Ausdrucksvermögen, Kontrollmöglichkeiten gegenüber Suggestiveinflüssen, kommunikative Kompetenzen und eine grundlegende „Zuverlässigkeitsmotivation", das heißt die Motivation dazu, valide Aussagen und Angaben überhaupt auch machen zu wollen.

Sprachliche Kompetenzen entwickeln sich bei einer „normalen" Entwicklung relativ früh: Ab ca. 18 Monaten können Kinder „einfach" aus ihrem Alltag berichten. In Anhängigkeit von dem individuellen Sprachvermögen erzählen sie knapp über Routinetätigkeiten oder abgeschlossene Aktivitäten (z. B. „Lias spielen" oder „Mama schlafen"). Ab einem Alter von zwei bis drei Jahren erlangen Kinder die Fähigkeit, über Vergangenes zu sprechen. Dabei handelt es sich meist um gemeinsame Erinnerungen mit den Eltern. Kinder in diesem Alter stoßen Gespräche über Erlebnisinhalte meist noch nicht selbstständig an, sie können aber Inhalte wiedergeben, wenn sie von anderen, zum Beispiel Erwachsenen, dazu aufgefordert werden (z. B. Vater sagt: „Was haben wir beim Einkaufen gesehen?" Kind antwortet: „Hund, Hund (war) in Tasche. Wurst gegessen").

Ab der zweiten Hälfte des dritten Lebensjahrs initiieren Kinder erst Gespräche über Vergangenes. Die Berichte sind in diesem Entwicklungsalter jedoch noch bruchstückhaft, teilweise noch wenig zusammenhängend wirkend. Beiläufige und wesentliche Informationen können noch nicht treffsicher unterschieden werden. Eine Schilderung des „Kerns" der Handlung ist erst ab ungefähr vier Jahren möglich (Reinmann, 2003). Je älter Kinder werden, umso detailreicher werden Schilderungen, die Kinder beginnen selbst Gespräche mit anderen, fragen nach und geben Erinnerungen selbstständig weiter.

Neben der sprachlichen Entwicklung ist natürlich auch die Entwicklung der Erinnerungsfähigkeit zu berücksichtigen, um die Aussagefähigkeit von Kindern einschätzen zu können. Um sich erinnern zu können, werden Inhalte zunächst über die Sinne wahrgenommen, relevante Informationen werden herausgefiltert und wandern in das Ultrakurzzeitgedächtnis und von dort ins Arbeitsgedächtnis. Dafür ist Vorwissen und das Interesse des*der Rezipient*in relevant. Nicht alle Informationen oder alle Geschehnisse, die sich ereignen, werden zum Gedächtnisinhalt. Inhalte können langfristig behalten und abgerufen werden, wenn sie Bestandteil des Langzeitgedächtnisses werden. Um ausgehend vom Arbeitsgedächtnis im Langzeitgedächtnis abgelegt zu werden, benötigen die Erinnerungsinhalte meist eine Wiederholung und ihnen muss eine Bedeutung gegeben werden.

Für die Erinnerungsfähigkeit gilt: Je älter Kinder werden, umso länger können sie Gedächtnisinhalte speichern. Aber bereits im Säuglingsalter erinnern Kinder Inhalte für ein paar Tage, ab fünf Jahren sogar für mehrere Jahre. Um dies zu erforschen, wurden Studien mit Säuglingen zur Bewegung von Mobiles durchgeführt. Mit Kindergartenkinder testete man, was sie erinnern, wenn etwas Ungewöhnliches – zum Beispiel der Besuch eines Piraten – in ihrer Gruppe passiert. Dabei wurde variiert, ob sich „der unbekannte Besucher" regelkonform oder davon abweichend verhält (z. B. Hayne, 2004 „Mobile"; Pipe et al., 2004 „Pirate"; Quas et al., 1999).

Die Erinnerung ist grundsätzlich ein dynamischer Prozess. Interessant ist, dass mit mehr zeitlichem Abstand zu einem Ereignis auch neue, aber richtige Informationen dazukommen können (Rooy et al., 2007 „Pirate"). Dies ist zum Beispiel der Fall, wenn bestimmte Inhalte erst zeitverzögert verstanden wurden. Der Abruf von Erinnerungen fällt Kindern leichter, wenn Hinweise gegeben werden bzw. der Kontext des Erlebens und der Kontext des Abrufs der Erinnerung übereinstimmt (z. B. Hershkowitz et al., 1998). Wenn sich zum Beispiel ein Erlebnis auf dem Schulhof ereignet hat, dann fällt der Abruf leichter, wenn die Kontextbedingungen (z. B. Uhrzeit und anwesende Personen) gleich oder zumindest ähnlich sind.

Normal sind jedoch auch Vergessensprozesse. Obwohl sich ein Kindergartenkind mit fünf Jahren eventuell sehr genau an einen Kindergeburtstag für die nächsten drei bis vier Jahre erinnern kann, kann die Erinnerung daran als Erwachsene*r deutlich reduziert oder sogar verschwunden sein. Sehr untypisch sind eigenständige Erinnerungen Erwachsener vor dem dritten oder vierten Lebensjahr. Bei solchen Erinnerungsinhalten handelt es ich meist um eine Rekonstruktion aus Gesprächen mit den Eltern bzw. Bezugspersonen, an Fotos und gemeinsamen Geschichten dazu (Lamb et al., 2008; Lamb et al., 2011).

Neben „normalen" Vergessensprozessen können Erinnerungen jedoch auch anfällig für bewusste oder unbewusste Verzerrungen oder für „Erinnerungsfehler" sein. Doch selbst kleine Kinder im Kindergartenalter sind weniger beeinflussbar, als man annehmen würde. In Experimenten inszenierte man beispielsweise eine Situation mit einem Unbekannten: Die Kinder machten eigenständige Beobachtungen des Geschehens, wobei ihnen nachträglich von Erwachsenen zusätzliche Informationen, die nicht selbst gesehen oder erlebt wurden, über den Unbekannten gegeben wurden (z. B. „Der Mann hat Bücher zerstört"). Die meisten Kinder ließen sich nicht von diesen Zusatzinformationen beeinflussen (Leichtman & Ceci, 1995 „Sam Stone").

Um Inhalte eigenständig abzurufen und zu erzählen, benötigen Kinder eine gewisse Reife an kognitiver Entwicklung. Voraussetzung dafür ist, dass sie verstehen, dass das Gegenüber nicht automatisch weiß, was das Kind selbst weiß („Theory of Mind"). Diese Fähigkeit bildet sich mit vier Jahren differenzierter aus, aber bereits mit 18 Monaten haben Kinder ein rudimentäres Verständnis von Absichten, Wünschen, Wissen, Gedanken und Gefühlen anderer. Die kognitive Entwicklung schreitet mit zunehmendem Alter immer weiter voran. Im Jugendalter entstehen und festigen sich die Möglichkeiten zu hypothetischem Denken und einer differenzierteren Perspektivenübernahme. Sie sind in der Lage zu unterschieden, was ist und was sein könnte. Da das abstrakte Denken jedoch im Jugendalter noch nicht ganz ausgereift ist, kommt es teilweise zu Übergeneralisierungen.

Trotz all der schon früh entwickelten sprachlichen Fähigkeiten und der Erinnerungsfähigkeit, müssen bestimmte Aspekte im Gespräch mit Kindern beachtet werden, die zu einer Verzerrung des Realitätsgehaltes in Gesprächen führen können: Kinder möchten von ihren erwachsenen Gesprächspartner*innen meist gemocht und anerkannt werden. Sie suchen in Interaktionen gewöhnlich nach Harmonie und wollen die*den Interaktionspartner*in zufriedenstellen. Gleichzeitig orientieren sie sich auch stark an den verbalen und non-verbalen Signalen des Gegenübers. Kinder haben deshalb bei Fragen eine Zustimmungs- und Negierungstendenz, vor allem bei spezifischen Fragen bzw. bei hierarchischem Gefälle (Fritzley & Lee, 2003).

***Praxistipp***

Wenn die gleichen Fragen wiederholt gestellt werden, verstehen das Kinder oft als Signal, dass sie beim ersten Mal „nicht gut" geantwortet haben und versuchen es beim nächsten Mal mit einer abgewandelten oder anderen Antwort. Die Gefahr bei offenen Fragen hingegen ist, dass Kinder manchmal nicht das Wesentliche erzählen, weil sie nicht wissen, was überhaupt wichtig ist (z. B. bei sexuellem Missbrauch) (Lamb et al., 2009; Lamb et al., 2002; Lamb et al., 2011; Orbach & Lamb, 2001). Angaben von Zeit und Ort fallen Kindern grundsätzlich bis ins Jugendalter hinein schwer. Folglich sollten Befragende zunächst sicherstellen, dass die befragten Kinder und Jugendlichen wissen, worum es inhaltlich in dem Gespräch gehen soll. Fragen sollten nicht wiederholt gestellt werden. Der Einsatz offener und geschlossener Fragen sollte genau überlegt und dokumentiert werden.

Bisher wurden die grundlegenden Fähigkeiten dargestellt, deren Entwicklung eine Voraussetzung dafür ist, dass Kinder überhaupt valide in die Lage versetzt werden, Erfahrungen und Erlebnisse wahrzunehmen, abzuspeichern, zu erinnern und wiederzugeben. Im folgenden Unterkapitel soll die Motivation von Kindern und Jugendlichen, die Wahrheit zu erzählen oder eben nicht, verstanden werden.

### 6.3.3 Motivation von Kindern und Jugendlichen, die „Wahrheit" zu erzählen

Die Motivation von Kindern und Jugendlichen, die „Wahrheit" zu erzählen, wird von verschiedenen Faktoren beeinflusst.

### Die Bedeutung der Phantasie

In der Vorstellungswelt von Kindern spielt die Phantasie eine wichtige Rolle. Phantasie und Realität gehen teilweise bis ins Grundschulalter ineinander über, immer wieder werden selbst von Erstklässler*innen noch Geschichten erzählt, die übersteigert oder ausgedacht sind. Die Verzahnung zwischen Realität und Phantasie kann bei Kindern bei den zur „normalen" Entwicklung gehörenden „Als-ob-Spielen" beobachtet werden. Fiktionsspiele beginnen üblicherweise im Laufe des zweiten Lebensjahres. Kinder können jedoch schon hier zwischen „Spiel" und „Ernst" unterscheiden, allerdings orientieren sie sich an ihren Bezugspersonen. Wenn ein Kind beispielsweise mit seiner Mutter ein Phantasiespiel spielt (z. B. „Wir tun so, als sei der Regenschirm ein Schwert") und eine andere Person kommt und fragt nach einem Regenschirm, dann wird sich das Kind an den Reaktionen der Mutter orientieren, ob der Regenschirm nun wieder Regenschirm ist oder ein Phantasie-Schwert bleibt. Es entwickelt sich auch immer mehr die Fähigkeit, die Spiele anderer Kinder zu verstehen und verbal zu begleiten.

Ab dem vierten Lebensjahr können Kinder über fiktionale Geschehnisse fiktional reden (typische Absprachen zwischen Kindern: „Wir tun so als ob [...] wäre"). Im Spiel wechseln sie wieder in den Indikativ solange das Spiel läuft. Erst ab dem siebten Lebensjahr können Kinder jedoch ganz sicher zwischen Fiktion und Wirklichkeit unterscheiden (Harris, 2000, 2012; Harris et al., 1991).

### Imaginäre Gefährt*innen

Ein weiteres Beispiel der Verzahnung zwischen Fiktion und Wirklichkeit sind imaginäre Gefährt*innen. Dabei handelt es sich um unsichtbare, mit einem Namen versehene „Personen", die für den*die Konstrukteur*in über einen längeren Zeitraum psychische Realität haben und auf die er*sie sich in seiner*ihrer Alltagskommunikation bezieht. Die imaginären Gefährt*innen haben Objektcharakter, sie besitzen einen Namen, ein Geschlecht, ein genau definiertes Aussehen, individuelle Wesenszüge, die jedoch veränderbar sind (Seiffge-Krenke, 2000). Es besteht dabei – im Unterschied zum psychotischen Erleben – eine Realitätsorientierung. Der*Die Konstrukteur*in ist sich immer der Schaffung dieses*dieser Gefährt*in bewusst. Ungefähr 13 bis 18 Prozent der Kinder haben in ihrer Entwicklung solche imaginären Gefährt*innen (Seiffge-Krenke, 1997). Während man eine Zeitlang annahm, dass sich nur deprivierte Kinder imaginäre Gefährt*innen ausdenken, weiß man zwischenzeitlich, dass dies nicht der Fall ist. Auch Kinder mit guten sozialen Kompetenzen, Freundschaften und Hobbys denken sich diese Gefährt*innen teilweise aus, was eher auf Kreativität und eine positive soziale Entwicklung hindeutet.

### Täuschen und Lügen

Natürlich kann es nun auch vorkommen, dass Kinder und Jugendliche ganz gezielt und absichtlich andere Menschen täuschen und belügen wollen. Die bisherigen Ausführungen lassen bereits ahnen, dass es sich dabei um einen komplexen kognitiven Prozess handelt. Voraussetzungen, um überhaupt täuschen oder lügen zu können, sind folgende:

- Das Kind muss Situationen wahrnehmen, Erlebtes abspeichern, abrufen und verbal ausdrücken können.
- Der Unterschied zwischen Phantasie und Realität muss dem Kind bewusst sein.
- Das Kind benötigt eine differenzierte „Theory of Mind".
- Das Kind muss abschätzen können, was als glaubwürdig erachtet wird.

Ab einem Alter von vier Jahren sind Kinder in der Lage, ein Geheimnis für sich zu behalten. Die Täuschungsfähigkeit nimmt im Laufe der Entwicklung zu. Während kleine Kinder (< 4 Jahre) manchmal Inhalte abstreiten, um Konsequenzen zu vermeiden (z. B. „Ich habe die Schokolade nicht gegessen!"), ist eine gezielte Täuschung meist erst ab dem Schulalter möglich. Ab diesem Alter werden solche Geschichten teilweise mit unterschiedlicher Motivation selbst inszeniert (z. B. um Zuwendung zu bekommen, erzählt ein Mädchen, dass der Vater einen Unfall hatte oder um anderen Angst zu machen, sagt ein Junge, dass sein Vater der Polizeipräsident sei und sie verhafte, wenn sie ihn nicht in Ruhe lassen). Diese Unwahrheiten entstehen jedoch noch relativ unmittelbar aus dem Geschehen heraus und haben oft das Anliegen, eigene Bedürfnisse (z. B. nach Stärke und Zuwendung) zu befriedigen. Den Kindern fällt es in diesem Alter noch schwer, die Lügen anderer Personen zu erkennen. Interessant ist auch, dass Kinder relativ früh lernen, zu täuschen bzw. „falsche" Emotionen zu zeigen, um andere, meist die Bezugspersonen, zu schützen. Dies spielt im Rahmen von Trennungen eine wichtige Rolle, da Kinder hierbei häufig in Loyalitätskonflikte geraten und je nach Bedürfnislage des jeweiligen Elternteils schon im Kindergartenalter in der Lage sind, im Kontakt mit einem Elternteil Gefühle zu zeigen oder zu unterdrücken, um den Elternteil zu schützen. Zu denken ist dabei, dass ein Kind vom Vater abgeholt wird, ganz ruhig und ausdruckslos auf ihn zugeht (obwohl es sich eigentlich riesig freut), um die Mutter nicht zu verletzen. Auch im Zusammenhang mit Misshandlungen oder Missbrauch kommt es häufig vor, dass Kinder und Jugendliche nicht die Wahrheit erzählen, entweder, weil die Täter*innen Konsequenzen angedroht haben, wenn „das Geheimnis" verraten wird (z. B. „Du wirst dann in ein Kinderheim gehen müssen" oder „Dein Papa muss dann ins Gefängnis") oder weil sie sich schämen.

Das Täuschen wird im Laufe der Entwicklung immer strategischer; Jugendliche, die bereits differenziert denken können, können beispielsweise regelrechte Lügenkonstrukte aufbauen. Manchmal werden Lügen dann auch gezielt eingesetzt, um anderen zu schaden (z. B. Gerüchte verbreiten).

***Praxistipp***

- Es sollte immer eine tragfähige professionelle Beziehung aufgebaut werden, um explizite und implizite Regeln, Motive sowie Bedürfnisse zu verstehen und die Ressourcen sowie Belastungen von Kindern und Jugendlichen gut einschätzen zu können. Teilweise wird es dazu notwendig sein, verschiedene Quellen zur Informationssammlung einzubeziehen.
- Kinder ab ca. vier bis sechs Jahren sind bereits „kompetente“ Berichterstatter*innen und können über Vergangenes sprechen (Ausdrucksfähigkeit, Erinnerung, Entwicklung, Theory of Mind, Möglichkeit, Phantasie und Realität zu unterscheiden). Aber ab diesem Alter sind auch erste Täuschungsstrategien möglich, die jedoch noch wenig strategisch sind. Geheimnisse können in diesem Alter bereits bewahrt werden und Kinder sind in der Lage, Gefühle vorzutäuschen, um beispielsweise Bezugspersonen zu schützen.
- Fachkräfte sollten in Gesprächen mit jüngeren Kindern Phantasie und Wirklichkeit klar voneinander trennen und außerdem die sprachlichen Fertigkeiten des Kindes beachten sowie nur Begrifflichkeiten nutzen, die das Kind auch kennt. Außerdem sollten offene und geschlossene Fragen überlegt eingesetzt und Wiederholungen vermieden werden.
- Darüber hinaus sollten sich Fachkräfte darüber im Klaren sein, dass frühe Erinnerungen von Kindern oft eine Mischung aus eigenständigen Erinnerungsfetzen und gemeinsamen familiären Erinnerungen darstellt.

## 6.4 Präventions- und Interventionsmaßnahmen

Fachkräfte im psychosozialen Bereich sollten einen Überblick über Präventions- und Interventionsangebote haben, um sinnvolle und wirkungsvolle Hilfen für gefährdete Kinder und Jugendliche einzuleiten. Diese Hilfen sollten passgenau den Betroffenen und ihren Bezugspersonen angeboten werden. Die dargestellten Maßnahmen zielen entweder auf Kinder bzw. Jugendliche oder ihre Bezugspersonen ab. Die Hilfen unterscheiden sich nach dem Zeitpunkt der Interventionen bei Gefährdungen.

### Primärprävention/Gesundheitsförderung (KiTa, Schule, Freizeit)

Diese Maßnahmen zielen darauf ab, Gefährdungssituationen von vornherein zu verhindern und Ressourcen zu stärken. Teilweise müssen Kinder und Jugendliche und ggf. deren Bezugspersonen dazu motiviert werden, solche Unterstützungsangebote anzunehmen, da bei präventiven Maßnahmen die Problematik noch nicht in starkem Ausmaß aufgetreten ist und damit teilweise (noch) wenig Leidensdruck besteht. Während ältere bzw. einsichtige Jugendliche und Bezugspersonen längerfristige Konsequenzen und Nutzen der Maßnahmen einschätzen können, ist dies für Kinder oft so noch nicht möglich. Ihr Denken, Fühlen und Handeln erstreckt sich noch wesentlich stärker auf das unmittelbare Hier und Jetzt. Von daher sollten Präventionsangebote für Kinder stets besonders ansprechend gestaltet und niederschwellig zugänglich sein. Mögliche Ziele primärpräventiver Ansätze sind die folgenden:

- Verständnis von Gesundheit und Krankheit (keine Schuldgefühle) vermitteln
- Wissen über angemessen Bedürfnisbefriedigung festigen
- Wissen über angemessene Unterstützung im Alltag und in der Entwicklung reflektieren und umsetzen

*Mögliche Ansätze*
- Familienhebammen
- Familienbildung
- Frühe Hilfen

### Sekundäre Prävention
Wenn ungünstige Risikokonstellationen vorliegen und ggf. bereits erste Auffälligkeiten oder Abweichungen im Verhalten festgestellt werden können (die aber noch nicht einer klinischen Verhaltensstörung oder einer Kindeswohlgefährdung entsprechen), greifen Interventionsmaßnahmen, die der sekundären Prävention zugerechnet werden. Ziel dieser Maßnahmen ist es, bereits vorhandene erste dysfunktionale Verhaltens- und Erlebensmuster und Interaktionen und schädliche soziale Bedingungen zu verändern sowie Kompetenzen und Ressourcen zu stärken. Dabei geht es konkret um:

- Anleitung zu angemessener Bedürfnisbefriedigung
- Anleitung zu angemessener Unterstützung im Alltag, in der Entwicklung und Erziehung
- Beratungs- und psychotherapeutische Angebote

*Mögliche Ansätze*
- Erziehungsberatung
- Alltagsunterstützung
- Psychotherapie des Kindes, des*der Jugendlichen bzw. der Bezugspersonen

**Tertiärprävention**
Bei der indizierten Prävention sind klinisch relevante Auffälligkeiten im Erlebens- und Verhaltensmuster der Kinder bzw. Jugendlichen und/oder der Bezugspersonen deutlich. Kriterien der Kindeswohlgefährdung sind ggf. erfüllt. Hier sollten intensive Maßnahmen durchgeführt werden. Dazu gehören:

- Behandlung von psychischen Auffälligkeiten
- Veränderung bzw. Entzerrung von dysfunktionalen Interaktionen

*Mögliche Ansätze*
- Psychiatrie
- Psychotherapie
- Hilfen zur Erziehung
- Inobhutnahmen

Die Maßnahmen – so wurde deutlich – können sich entweder auf die Kinder und Jugendlichen konzentrieren oder schwerpunktmäßig die Bezugspersonen einbeziehen. Welche Interventionen vorgeschlagen und auch durchgeführt werden, hängt dabei immer von der Einschätzung der Situation, möglicherweise im multiprofessionellen Team, ab, von den verfügbaren Angeboten und von der Motivation der Beteiligten.

Die Fachkräfte müssen hierbei immer gut abwägen, ob niederschwellige Angebote oder eine längere Motivationsphase möglich ist oder aufgrund einer akuten Gefährdungssituation nach dem vorgestellten Ablaufplan – aber zeitnah – gehandelt werden muss, um die gefährdeten Kinder und Jugendlichen wirkungsvoll zu schützen.

## 6.5 Zusammenfassung

In diesem Kapitel wurden konkrete Handlungsstrategien dargestellt, die Fachpersonen helfen können, Gefährdungssituationen von Kindern und Jugendlichen wirkungsvoll zu verändern. Als Grundlage für die Handlungen in Gefährdungssituationen wurden verschiedene Aspekte fachlichen Handelns reflektiert: Die Bedeutung des beruflichen Hintergrunds, der Rolle und organisatorischer Festlegungen, der Berufsordnung und der Berufsethik, des Einflusses und der Schweigepflicht sowie die Bedeutung der Leitlinien zum Kinderschutz und Kindeswohlgefährdung nach § 1666 I BGB. Darüber hinaus wurden Hinweise zur Gesprächsführung mit gefährdeten Kindern und Jugendlichen gegeben. Hilfreichen Fragen im Gespräch wurden vertieft. Anschließend wurden die Voraussetzungen für die „Aussagefähigkeit" (z. B. ist ein Kind in der Lage, sich ausreichend sprachlich auszudrücken? Kann es Inhalte im Gedächtnis behalten?) und Motivation von Kindern und Jugendlichen, die „Wahrheit“ zu erzählen, reflektiert. Dabei wurde auf kognitive und emotionale Entwicklungsschritte von Kindern und Jugendlichen Bezug genommen. Die Bedeutung der Trennung von Phantasie und Realität und die sich entwickelnde Fähigkeit zu lügen und zu täuschen wurden entwicklungspsychologisch eingeordnet. Dabei wurde auch betrachtet, inwieweit Kinder und Jugendliche Suggestionseinflüssen unterliegen können. Zum Schluss wurden verschiedene Präventions- und Interventionsstrategien vorgestellt, die sich entweder an Kinder und Jugendliche als Zielpersonen oder aber an die Bezugspersonen richten, um Gefährdungssituationen zu reduzieren.

# Literatur

Ainsworth, M./Blehar, M./Waters, E./Wall, S. (1978): Patterns of attachment: A psychological study of the strange situation. Oxford: Lawrence Erlbaum.

Allroggen, M./Spröber, N./Rau, T./Fegert, J. (2011): Sexuelle Gewalt unter Kindern und Jugendlichen. Ursachen und Folgen. Expertise der Klinik für Kinder- und Jugendpsychiatrie/Psychotherapie. Universitätsklinikum Ulm. Im Auftrag des Bayerischen Staatsministeriums für Arbeit und Sozialordnung, Familie und Frauen.

Amato, P.R. (2001): Children of divorce in the 1990s: An update of the Amato and Keith (1991) meta-analysis. Journal of Family Psychology, 15, S. 355–370.

Amato, P.R./Keith, B. (1991): Parental divorce and adult well-being: A meta-analysis. Journal of Marriage and the Family, 53, S. 43–58.

American Psychiatric Association. (2000): Diagnostic and Statistical Manual of Mental Disorders. DSM-IV-TR (4th ed.). Washington, D.C.: American Psychiatric Association.

American Psychiatric Association (2013): Diagnostic and statistical manual of mental disorders. 5. Auflage. American Psychiatric Association. www.doi.org/10.1176/appi.books.9780890425596 [15.10.2021].

American Psychiatric Association (2018): Diagnostisches und statistisches Manual psychischer Störungen. DSM-5. (2. Ausg.). Göttingen: Hogrefe.

Anderson, C./Shibuya, A./Ihori, N./Swing, E./Bushman, B./Sakamoto, A./Rothstein, H./Saleem, M. (2010): Violent video game effects on aggression, empathy, and prosocial behavior in eastern and western countries: a meta-analytic review. Psychological Bulletin, 136(2), S. 151–173.

Antonovsky, A. (1997): Salutogenese: Zur Entmystifizierung der Gesundheit. Tübingen: dgvt Verlag.

Arbeitsgemeinschaft der Wissenschaftlichen Medizinischen Fachgesellschaften [AWMF] (2013): Leitlinienreport Behandlung von depressiven Störungen bei Kindern und Jugendlichen. www.awmf.org/leitlinien/detail/ll/028-043.html [20.8.2021].

Arbeitsgemeinschaft der Wissenschaftlichen Medizinischen Fachgesellschaften [AWMF] (2022). AWMF S3+ Leitlinie Kindesmisshandlung, -missbrauch, -vernachlässigung unter Einbindung der Jugendhilfe und Pädagogik (Kinderschutzleitlinie) https://dgkim.de/dateien/2022_01_03_langfassung_update-kjsg.pdf (12.1.2022)

Arnett, J. (2000): Emerging Adulthood: A Theory of Development From the Late Teens Through the Twenties. American Psychologist, 55(5), S. 469–480.

AWO (2019): Fachpolitische Konkretisierung für die Handlungsempfehlungen des Kontaktgesprächs Psychiatrie. „Familien mit einem psychisch erkrankten Elternteil – Komplexe Hilfen in der Lebenswelt sichern!" www.hilfenetzwerke.de/wp-content/uploads/2019/10/fachpolitische_konkretisierung.pdf [13.10.2021].

Baltes, P.B./Staudinger, U.M./Lindenberger, U. (1999): Lifespan psychology: theory and application to intellectual functioning. Annual Review Psychology, 50, S. 471–507.

Banasr, M./Lepack, A./Fee, C./Duric, V./Maldonado, A./DiLeone, R./Sibille, E./Duman, R./Sanacora, G. (2017): Characterization of GABAergic Marker Expression in the Chronic Unpredictable Stress Model of Depression. Chronic Stress, 1, S. 1–13. www.doi.org/10.1177/2470547017720459 [13.10.2021].

Baumrind, D. (1971): Current patterns of parental authority. Developmental Psychology Monograph, 4, S. 1–103. www.doi.org/10.1037/h0030372 [15.10.2021].

Bergmann, M. C./Baier, D. (2018): Prevalence and correlates of cyberbullying perpetration. Findings from a German representative student survey. International Journal of Environmental Research and Public Health, 15(2), S. 274.

Berridge, K. C./Robinson, T. E. (2016): Liking, wanting, and the incentive-sensitization theory of addiction. American Psychologist, 71(8), S. 670–679.

Bischof, G./Bischof, A./Meyer, C./John, U./Rumpf, H. J. (2013): Prävalenz der Internetabhängigkeit – Diagnostik und Risikoprofile (PINTA-DIARI). Lübeck: Kompaktbericht an das Bundesministerium für Gesundheit.

Blumenthal, J. A./Babyak, M. A./Doraiswamy, P. M./Watkins, L./Hoffman, B. M./Barbour, K. A./Herman, S./Craighead, W. E./Brosse, A. L./Waugh, R./Hinderliter, A./Sherwood, A. (2007): Exercise and pharmacotherapy in the treatment of major depressive disorder. Psychosomatic Medicine, 69(7), S. 587–596.

Bosmans, G./Braet, C./Van Vlierberghe, L. (2010): Attachment and symptoms of psychopathology: early maladaptive schemas as a cognitive link? Clinical Psychology & Psychotherapy, 17(5), S. 374–385.

Bosmans, G./De Raedt, R./Braet, C. (2007): The invisible bonds: Does the secure base script of attachment influence children's attention toward their mother? Journal of Clinical Child and Adolescent Psychology, 36(4), S. 557–567.

Brailovskaia, J./Cosci, F./Mansueto, G./Miragall, M./Herrero, R./Baños, R. M./Krasavtseva, Y./Kochetkov, Y./Margraf, J. (2021): The association between depression symptoms, psychological burden caused by Covid-19 and physical activity: An investigation in Germany, Italy, Russia, and Spain. Psychiatry Research, 295. www.doi.org/10.1016/j.psychres.2020.113596 [15. 10. 2021].

Brakemeier, E. L./Wirkner, J./Knaevelsrud, C./Wurm, S./Christiansen, H./Lueken, U./Schneider, S. (2020): Die COVID-19-Pandemie als Herausforderung für die psychische Gesundheit. Zeitschrift für Klinische Psychologie und Psychotherapie, 49, S. 1–31.

Brand, M./Wegmann, E./Stark, R./Müller, A./Wölfling, K./Robbins, T. W./Potenza, M. N. (2019): The Interaction of Person-Affect-Cognition-Execution (I-PACE) model for addictive behaviors: Update, generalization to addictive behaviors beyond internet-use disorders, and specification of the process character of addictive behaviors. Neuroscience & Biobehavioral Reviews, 104, S. 1–10.

Brand, M./Young, K. S./Laier, C./Wölfling, K./Potenza, M. N. (2016): Integrating psychological and neurobiological considerations regarding the development and maintenance of specific Internet-use disorders: An Interaction of Person-Affect-Cognition-Execution (I-PACE) model. Neuroscience & Biobehavioral Reviews, 71, S. 252–266.

Brandtstädter, J. (2007): Hartnäckige Zielverfolgung und flexible Zielanpassung als Entwicklungsressourcen: Das Modell assimilativer und akkommodativer Prozesse. In: Brandtstädter, J./Lindenberger, U. (Hrsg.): Entwicklungspsychologie der Lebensspanne. Ein Lehrbuch. Stuttgart: Kohlhammer, S. 423–445.

Brüderl, L. (2020): Positive und negative Schemata. 75 Therapiekarten. Weinheim, Basel: Beltz.

Bunce, L./Harris, P. L. (2014): Is it real? The development of judgments about authenticity and ontological status. Cognitive Development, 32, S. 110–119.

Bundesinstitut für Arzneimittel und Medizinprodukte [BfArM]/Bundesministerium für Gesundheit [BMG]/Kuratorium für Fragen der Klassifikation im Gesundheitswesen [KKG] (Hrsg.) (2020): ICD-10-GM Version 2021, Systematisches Verzeichnis, Internationale statistische Klassifikation der Krankheiten und verwandter Gesundheitsprobleme, 10. Revision. Stand: 18. September 2020. Köln.

Bündnis gegen Cybermobbing (2020): Cyberlife III. Spannungsfeld zwischen Faszination und Gefahr. Cybermobbing bei Schülerinnen und Schülern. Dritte empirische Bestandsaufnahme bei Eltern, Lehrkräften und Schülern/innen in Deutschland (Folgestudie von 2013 und 2017). www.buendnis-gegen-cybermobbing.de/fileadmin/pdf/studien/2016_05_02_Cybermobbing_2017End.pdf [03.08.2021].

Bussmann, K. D. (2005): Report über die Auswirkungen des Gesetzes zur Ächtung der Gewalt in der Erziehung. Vergleich der Studien von 2001/2002 und 2005. Eltern-, Jugend- und Expertenbefragung. Herausgegeben vom Bundesministerium der Justiz. Berlin.

Buysse, D. J./Germain, A./Moul, D. E./Franzen, P. L./Brar, L. K./Fletcher, M. E./Begley, A./Patricia, R. Houck, P. R./Mazumdar, S./Reynolds, C. F./Monk, T. H. (2011): Efficacy of brief behavioral treatment for chronic insomnia in older adults. Archives of Internal Medicine, 171(10), S. 887–895.

Christiansen, H./Anding, J./Donath, L. (2014): Interventionen für Kinder psychisch kranker Eltern. Kinder psychisch Kranker Eltern: Herausforderungen für eine Interdisziplinäre Kooperation in Betreuung und Versorgung. In: Kölch, M./Ziegenhain, U./Fegert, J. M. (Hrsg.): Kinder psychisch kranker Eltern. Weinheim, Basel: Beltz Juventa, S. 80–105.

Cohen, J. (1988). Statistical power analysis for the social sciences. New York: Lawrence Erlbaum.

Colonnesi, C./Draijer, E. M./Stams, G. J./Van der Bruggen, C. O./Bögels, S. M./Noom, M. J. (2011): The relation between insecure attachment and child anxiety: A meta-analytic review. Journal of Clinical Child & Adolescent Psychology, 40(4), S. 630–645.

Dalton, C./Carbon, J. S./Olesen, N. (2003): High conflict divorce, violence, and abuse: Implications for custody and visitation decisions. Juvenile and Family Court Journal, 54(4), S. 11–33.

Destatis (2020): Statistisches Bundesamt. Ehescheidungen und betroffene Kinder. www.destatis.de/DE/Home/_inhalt.html [13.10.2021].

Diomidous, M./Chardalias, K./Magita, A./Koutonias, P./Panagiotopoulou, P./Mantas, J. (2016): Social and Psychological Effects of the Internet Use. Acta Informatica Medica, 24(1), S. 66–68.

Dozois, D. J./Beck, A. T. (2008): Cognitive schemas, beliefs and assumptions. In: Dobson, K. S./Dozois, D. J. (Hrsg.): Risk factors in depression. Elsevier, S. 119–143.

Dube, S. R./Anda, R. F./Felitti, V. J./Chapman, D. P./Williamson, D. F./Giles, W. H. (2001): Childhood Abuse, Household Dysfunction, and the Risk of Attempted Suicide Throughout the Life Span: Findings From the Adverse Childhood Experiences Study. Journal of the American Medical Association, 286(24), S. 3089–3096.

Edwards, V. J./Holden, G. W./Felitti, V. J./Anda, R. F. (2003): Relationship between multiple forms of childhood maltreatment and adult mental health in community respondents: results from the adverse childhood experiences study. American Journal of Psychiatry, 160(8), S. 1453–1460.

Elkind, D. (1978): The child's reality: Three developmental themes. Hillsdale, NJ: Lawrence Erlbaum.

Epstein, S. (1990): Cognitive-experiental self-theory. In: Pervin, L. A. (Hrsg.): Handbook of personality: Theory and research. New York: Guilford, S. 165–192.

Essau, C. A./Conradt, J./Petermann, F. (2000): Frequency, comorbidity, and psychosocial impairment of depressive disorders in adolescents. Journal of Adolescent Research, 15(4), S. 470–481.

Fegert, J. M./Rassenhofer, M./Schneider, T./Seitz, A./Spröber, N. (2013): Sexueller Kindesmissbrauch – Zeugnisse, Botschaften, Konsequenzen. Weinheim, Basel: Beltz Juventa.

Fegert, J. M./Spröber, N./Schneider, T., Rassenhofer, M. (2015): Gehör für Betroffene: Die gesellschaftliche Aufarbeitung traumatischer Kindheitserfahrungen am Beispiel der Begleitforschung für die Unabhängige Beauftragte der Bundesregierung zur Aufarbeitung des sexuellen Kindesmissbrauchs. In: Seidler, G. H./Freyberger, H. J./Maercker, A. (Hrsg.): Handbuch der Psychotraumatologie. Stuttgart: Klett-Cotta, S. 539–553.

Fegert, J. M./Ziegenhain, U./Rassenhofer, M. (2020): Kindesmisshandlung und Vernachlässigung. In: Kölch, M./Fegert, J. M./Rassenhofer, M. (Hrsg.): Klinikmanual Kinder- und Jugendpsychiatrie und -psychotherapie. Berlin, Heidelberg: Springer, S. 521–529.

Felitti, V. J./Anda, R. F./Nordenberg, D./Williamson, D. F./Spitz, A. M./Edwards, V./Koss, M. P./Marks, J. S. (1998): Relationship of childhood abuse and household dysfunction to many of the leading causes of death in adults. The Adverse Childhood Experiences (ACE) Study. American Journal of Preventive Medicine, 14(4), S. 245–58. www.doi.org/10.1016/s0749-3797(98)00017-8 [15.10.2021].

Felitti, V. J./Fink, P. J./Fishkin, R. E./Anda, R. F. (2007): Ergebnisse der Adverse Childhood Experiences (ACE)-Studie zu Kindheitstrauma und Gewalt. Trauma & Gewalt, 1(2), S. 18–32.

Fichtner, J./Dietrich, P. S./Halatcheva, M./Hermann, U./Sandner, E. (2010): Kinderschutz bei hochstrittiger Elternschaft. Wissenschaftlicher Abschlussbericht. München: Deutsches Jugendinstitut e. V.

Finkelhor, D./Ormrod, R. K./Turner, H. A. (2007): Polyvictimization and trauma in a national longitudinal cohort. Development and Psychopathology, 19(1), S. 149–166.

Fritzley, H. V./Lee, K. (2003): Do young children always say yes to yes-no-questions? A metadevelopmental study of the affirmation bias. Child Development, 74(5), S. 1297–1313.

Fröhlich-Gildhoff, K./Rönnau-Böse, M. (2019): Resilienz. Stuttgart: utb.

Fuhrer, U./Trautner, H. M. (2005): Entwicklung von Identität. Soziale, emotionale und Persönlichkeitsentwicklung, 1, S. 335–424.

Grawe, K. (2004): Neuropsychotherapie. Göttingen: Hogrefe.

Gruber, J./Prinstein, M. J./Clark, L. A./Rottenberg, J./Abramowitz, J. S./Albano, A. M./Aldao, A./Borelli, J. L./Chung, T./Davila, J./Forbes, E. E./Gee, D. G./Hall, G. C. N./Hallion, L. S./Hinshaw, S. P./Hofmann, S. G./Hollon, S. D./Joormann, J./Kazdin, A. E./Weinstock, L. M. (2020): Mental health and clinical psychological science in the time of COVID-19: Challenges, opportunities, and a call to action. American Psychologist, 76(3), S. 409–426.

Harris, P. L. (2000): The work of the imagination. Oxford: Blackwell.

Harris, P. L. (2012): Trusting what you're told: How children learn from others. Cambridge, MA: Harvard University Press.

Harris, P. L./Brown, E./Marriott, C./Whittall, S./Harmer, S. (1991): Monsters, ghosts and witches: Testing the limits of the fantasy-reality distinction in young children. British Journal of Developmental Psychology, 9, S. 105–123.

Häuser, W./Schmutzer, G./Brähler, E./Glaesmer, H. (2011): Maltreatment in childhood and adolescence: results from a survey of a representative sample of the German population. Deutsches Ärzteblatt International, 108(17), S. 287.

Havighurst, R. J. (1972): Developmental tasks and education. New York: David McKay.

Hawes, M. T./Szenczy, A. K./Klein, D. N./Hajcak, G./Nelson, B. D. (2021): Increases in depression and anxiety symptoms in adolescents and young adults during the COVID-19 pandemic. Psychological Medicine, S. 1–9.

Hayne, H. (2004): Infant memory development: Implications for childhood amnesia. Developmental Review, 24(1), S. 33–73.

Herrenkohl, R. C. (2005): The definition of child maltreatment: From case study to construct. Child abuse & neglect, 29(5), S. 413–424.

Herrenkohl, R.C./Herrenkohl, T.I. (2009): Assessing a child's experience of multiple maltreatment types: Some unfinished business. Journal of Family Violence, 24(7), S. 485-496.

Hershkowitz, I./Orbach, Y./Lamb, M.E./Sternberg, K.J./Horowitz, D./Hovav, M. (1998): Visiting the scene of the crime: Effects on children's recall of alleged abuse. Legal and Criminological Psychology, 3, S. 195–207.

Hughes, K./Bellis, M.A./Hardcastle, K.A./Sethi, D./Butchart, A./Mikton, C./Jones, L./Dunne, M.P. (2017): The effect of multiple adverse childhood experiences on health: a systematic review and meta-analysis. The Lancet Public Health, 2(8), S. 356–366.

Jaremka, L.M./Andridge, R.R./Fagundes, C.P./Alfano, C.M./Povoski, S.P./Lipari, A.M./Kiecolt-Glaser, J.K. (2014): Pain, depression, and fatigue: loneliness as a longitudinal risk factor. Health Psychology, 33(9), S. 948.

Jonas, K.J./Boos, M./Brandstätter, V. (Hrsg.) (2007): Zivilcourage trainieren! Theorie und Praxis. Göttingen: Hogrefe.

Kalisch, R./Müller, M.B./Tüscher, O. (2015): A conceptual framework for the neurobiological study of resilience. Behavioral and Brain Sciences, 38, S. e92.

King, D.L./Potenza, M.N. (2019): Not playing around: gaming disorder in the International Classification of Diseases (ICD-11). Journal of Adolescent Health, 64(1), S. 5–7.

Knafla, I./Schär, M./Steinebach, C. (2016): Jugendliche stärken. Weinheim, Basel: Beltz.

Kölch, M./Nolkemper, D./Ziegenhain, U./Fegert, J.M. (2019): Prävention bei Kindern mit depressiven oder angsterkrankten Eltern. Der Nervenarzt, 90(3), S. 251–259.

Kölch, M./Schmid, M. (2008): Elterliche Belastung und Einstellungen zur Jugendhilfe bei psychisch kranken Eltern: Auswirkungen auf die Inanspruchnahme von Hilfen. Praxis der Kinderpsychologie und Kinderpsychiatrie, 57(10), S. 774–788.

Kölch, M./Ziegenhain, U./Fegert, J. M (Hrsg.) (2014): Hilfe für Kinder kranker Eltern. Herausforderungen für eine interdisziplinäre Kooperation in Betreuung und Versorgung. Weinheim, Basel: Beltz Juventa.

Lamb, M.E./Hershkowitz, I./Orbach, Y./Esplin, P.W. (2008): Tell me what happened: Structured investigative interviews of child victims and witnesses. Chichester, UK, Hoboken, NJ: Wiley.

Lamb, M.E./Hershkowitz, I./Orbach, Y./Esplin, P.W. (2011). Tell me what happened: Structured investigative interviews of child victims and witnesses. Chichester, UK, Hoboken, NJ: Wiley.

Lamb, M.E./Orbach, Y./Sternberg, K.J./Aldridge, J./Pearson, S./Stewart, H.L./Esplin, P.W./Bowler, L. (2009): Use of a structured investigative protocol enhances the quality of investigative interviews with alleged victims of child sexual abuse in Britain. Applied Cognitive Psychology: The Official Journal of the Society for Applied Research in Memory and Cognition, 23(4), S. 449–467.

Lamb, M.E./Sternberg, K.J./Orbach, Y./Esplin, P.W./Mitchell, S. (2002): Is ongoing feedback necessary to maintain the quality of investigative interviews with allegedly abused children? Applied Developmental Science, 6(1), S. 35–41.

Leeb, R.T./Paulozzi, L.J./Melanson, C./Simon, T.R./Arias, I. (2008): Child maltreatment surveillance: Uniform definitions for public health and recommended data elements. Atlanta: Center for Disease Control and Prevention, National Center for Injury Prevention and Control.

Leichtman, M.D./Ceci, S.J. (1995): The effects of stereotypes and suggestions on pre-schoolers' reports. Developmental Psychology, 31, S. 568–578.

Lenz, A./Brockmann, E. (2013): Kinder psychisch kranker Eltern stärken: Informationen für Eltern, Erzieher und Lehrer. Göttingen: Hogrefe.

Lenz, A./Jungbauer, J. (2008): Kinder und Partner psychisch kranker Menschen. Belastungen, Hilfebedarf, Interventionskonzepte. Tübingen: DGVT.

Lindenberg, K./Kindt, S./Szász-Janocha, C. (2020): Internet Addiction in Adolescents. The PROTECT Program for Evidence-Based Prevention and Treatment Springer International Publishing.

Lindenberger, U./Schaefer, S. (2008): Erwachsenenalter und Alter. Weinheim, Basel: Beltz.

Lohse, K./Katzenstein, H./Beckmann, J./Seltmann, D./Meysen, T. (2018): Ärztliche Versorgung Minderjähriger nach sexueller Gewalt ohne Einbezug der Eltern. www.signal-intervention.de/download/Infothek_Expertise_Aerztliche_Versorgung_Minderjaehriger_nach_sexueller_Gewalt_5_2018 [26.01.2019].

Loose, C./Graaf, P./Zarbock, G. (Hrsg.) (2013): Schematherapie mit Kindern und Jugendlichen. Weinheim, Basel: Beltz.

Lösel, F./Bender, D. (2008): Von generellen Schutzfaktoren zu spezifischen protektiven Prozessen: Konzeptuelle Grundlagen und Ergebnisse der Resilienzforschung. In: Opp, G./Fingerle, M. (Hrsg.): Was Kinder stärkt. München: Reinhardt, S. 57–78.

Luthar, S. S./Cicchetti, D./Becker, B. (2000): The construct of resilience: a critical evaluation and guidelines for future work. Child Development, 71(3), S. 543–62.

Madigan, S./Atkinson, L./Laurin, K./Benoit, D. (2013): Attachment and internalizing behavior in early childhood: a meta-analysis. Developmental Psychology, 49(4), S. 672.

Madigan, S./Brumariu, L. E./Villani, V./Atkinson, L./Lyons-Ruth, K. (2016): Representational and questionnaire measures of attachment: A meta-analysis of relations to child internalizing and externalizing problems. Psychological Bulletin, 142(4), S. 367.

Main, M./Solomon, J. (1990): Procedures for identifying infants as disorganized/disoriented during the Ainsworth Strange Situation. Attachment in the preschool years: Theory, Research, and Intervention, 1, S. 121–160.

Masten, A. S./Cicchetti, D. (2010): Developmental cascades. Development and Psychopathology, 22(3), 491–495.

Mattejat, F./Remschmidt, H. (2008): Kinder psychisch kranker Eltern. Deutsches Ärzteblatt, 105(23), S. 413–418.

McGorry, P./Purcell, R. (2009): Youth mental health reform and early intervention: encouraging early signs. Early Intervention in Psychiatry, 3, S. 161–162.

Medienpädagogischer Forschungsverbund Südwest (2018): KIM-Studie 2018. Kindheit, Internet, Medien. Basisuntersuchung zum Medienumgang 6- bis 13-Jähriger KIM Studie 2018. www.mpfs.de/fileadmin/files/Studien/KIM/2018/KIM-Studie_2018_web.pdf [14.09.2021].

Medienpädagogischer Forschungsverbund Südwest (2019): JIM-Studie 2019: Jugend, Information, Medien. Basisuntersuchung zum Medienumgang. www.mpfs.de/fileadmin/files/Studien/JIM/2019/JIM_2019.pdf [13.10.2021].

Medienpädagogischer Forschungsverbund Südwest (2020): JIMplus 2020. Corona-Zusatzuntersuchung. www.mpfs.de/studien/jim-studie/jimplus-2020/ [14.09.2021].

Middelberg, C. (2001): Projective identification in common couple dances. Journal of Marital & Family Therapy, 27, S. 341–352.

Mihara, S./Higuchi, S. (2017): Cross-sectional and longitudinal epidemiological studies of Internet gaming disorder: A systematic review of the literature. Psychiatry and Clinical Neurosciences, 71(7), S. 425–444.

Mikusky, D./Abler, B. (2021): Wann machen digitale Spiele krank? Nervenheilkunde, 40(1/2), S. 27–34.

Modecki, K. L./Minchin, J./Harbaugh, A. G./Guerra, N. G./Runions, K. C. (2014). Bullying prevalence across contexts: A meta-analysis measuring cyber and traditional bullying. Journal of Adolescent Health, 55(5), S. 602–611.

Müller, K. W./Wölfling, K. (2017): Pathologischer Mediengebrauch und Internetsucht. Stuttgart: Kohlhammer.

Münder, J./Mutke, B./Schone, R. (2000): Kindeswohl zwischen Jugendhilfe und Justiz. Professionelles Handeln in Kindeswohlverfahren. Münster: Votum.

Naar-King, S./Suarez, M. (Hrsg.) (2012): Motivierende Gesprächsführung mit Jugendlichen und Erwachsenen. Weinheim, Basel: Beltz.

Nagy, C./Torres-Platas, S. G. Mechawar, N./Turecki, G. (2017): Repression of astrocytic connexins in cortical and subcortical brain regions and prefrontal enrichment of H3K9me3 in depression and suicide. International Journal of Neuropsychopharmacology, 20(1), S. 50–57.

Niesel, R./Griebel, W. (2005): Transition competence and resiliency in educational institutions. International Journal of Transitions in Childhood, 1(1), S. 4–11.

Nolkemper, D./Wiggert, N./Müller, S./Fegert, J. M./Kölch, M. (2019): Partizipation und Informationspraxis in der Kinder- und Jugendpsychiatrie. Praxis der Kinderpsychologie Kinderpsychiatrie, 68(4), S. 271–285. www.doi.org/10.13109/prkk.2019.68.4.271 [15. 10. 2021].

Oerter, R./Montada, L. (2008): Entwicklungspsychologie. 6., vollständig überarbeitete Auflage. Weinheim, Basel: Beltz.

Orbach, Y./Lamb, M. E. (2001): The relationship between within-interview contradictions and eliciting interview utterances. Child Abuse & Neglect, 25, S. 323–333.

Pillhofer, M./Ziegenhain, U./Fegert, J. M./Hoffmann, T./Paul, M. (2016): Kinder von Eltern mit psychischen Erkrankungen im Kontext der frühen Hilfen. Köln: Nationales Zentrum Frühe Hilfen.

Pipe, M. E./Sutherland, R./Webster, N./Jones, C./Rooy, D. L. (2004): Do early interviews affect children's long-term event recall? Applied Cognitive Psychology: The Official Journal of the Society for Applied Research in Memory and Cognition, 18(7), S. 823–839.

Plener, P./Jelincic, S. (2021): Sie brauchen uns jetzt. Was Kinder belastet. Was sie schützt. Wien: Edition A.

Quas, J. A./Goodman, G. S./Bidrose, S./Pipe, M. E./Craw, S./Ablin, D. S. (1999): Emotion and memory: Children's long-term remembering, forgetting, and suggestibility. Journal of Experimental Child Psychology, 72(4), S. 235–270.

Rassenhofer, M./Zimmer, A./Spröber, N./Fegert, J. M. (2015): Child sexual abuse in the Roman Catholic Church in Germany: Comparison of victim-impact data collected through church-sponsored and government-sponsored programs. Child Abuse & Neglect, 40, S. 60–67. www.doi.org/10.1016/j.chiabu.2014.11.013.

Ravens-Sieberer, U./Ottova, V./Hillebrandt, D./Klasen, F. (2012): Gesundheitsbezogene Lebensqualität und psychische Gesundheit von Kindern und Jugendlichen in Deutschland: Ergebnisse aus der deutschen HBSC-Studie 2006–2010. Das Gesundheitswesen, 74, S. 33–41.

Reinmann, B. (2003): Der frühe Spracherwerb: Ein Informationsangebot zur Entwicklung der kindlichen Sprache. www.mutterspracherwerb.de [15. 10. 2021].

Ripper, K./Ripper, J. (2018): Therapie-Tools Kommunikation. Weinheim, Basel: Beltz.

Roediger, E. (2011): Why are mindfulness and acceptance central elements for therapeutic change? An integrative perspective. In: van Vreeswijk, M./Broersen, J./Nadort, M. (Hrsg.): Handbook of Schema Therapy. Theory, Research and Practice. New York: Wiley.

Roediger, E., Jacob, G. (2010). Fortschritte der Schematherapie. Göttingen: Hogrefe.

Rogers, R. (2004): An Introduction to Critical Discourse Analysis in Education. In: Rogers, R. (Hrsg.): An Introduction to Critical Discourse Analysis in Education. Mahwah, NJ: Lawrence Erlbaum, S. 31–48.

Rönnau-Böse, M. (2013). Resilienzförderung in der Kindertageseinrichtung: Evaluation eines Präventionsprojekts im Vorschulalter. Freiburg im Breisgau: Verlag Forschung – Entwicklung – Lehre.

Rönnau-Böse, M./Fröhlich-Gildhoff, K. (2014): Resilienz im Kita-Alltag. Was Kinder stark und widerstandsfähig macht. Freiburg im Breisgau: Herder.

Rönnau-Böse, M./Fröhlich-Gildhoff, K. (2020): Resilienz und Resilienzförderung über die Lebensspanne. Stuttgart: Kohlhammer.

Rönnau-Böse, M./Fröhlich-Gildhoff, K. (2021): Einführung: Das Konzept der Resilienz in verschiedenen Lebensabschnitten. In: Fröhlich-Gildhoff K./Rönnau-Böse M. (Hrsg.): Menschen stärken. Studien zur Resilienzforschung. Wiesbaden: Springer.

Rooy, D. L./Pipe, M. E./Murray, J. E. (2007): Enhancing children's event recall after long delays. Applied Cognitive Psychology, 21(1), S. 1–17.

Röper, G./Hagen, C. V./Noam, G. (2001): Entwicklung und Risiko. Perspektiven einer klinischen Entwicklungspsychologie. Stuttgart: Kohlhammer, S. 192–219.

Schäfer, R./Sann, A. (2014): Frühe Hilfen zwischen (gesundheitlicher) Familienförderung und Kinderschutz. In: Bütow, B./Pomey, M./Rutschmann, M./Schär, C./Studer, T. (Hrsg.): Sozialpädagogik zwischen Staat und Familie. Wiesbaden: Springer VS.

Schmid, M./Fegert, J. M./Kölch, M. (2020): Komplex traumatisierte Kinder, Jugendliche und Heranwachsende. In: Kölch, M./Rassenhofer, M./Fegert, J. M. (Hrsg.): Klinikmanual Kinder- und Jugendpsychiatrie und -psychotherapie. Berlin: Springer, S. 311–327.

Seiffge-Krenke, I. (1997): Imaginary companions in adolescence: Sign of a deficient or positive development? Journal of Adolescence, 20(2), S. 137–154.

Seiffge-Krenke, I. (2000): A very special friend. The imaginary playmate. Praxis der Kinderpsychologie und Kinderpsychiatrie, 49(9), S. 689–702.

Seiffge-Krenke, I./Klessinger, N. (2001): Gibt es geschlechtsspezifische Faktoren in der Vorhersage depressiver Symptome im Jugendalter? Zeitschrift für klinische Psychologie und Psychotherapie, 30(1), S. 22–32.

Sprangers, A./Steenbrink, N./Graaf, A. d. (2008): Bijna 35 duizend kinderen maakten in 2007 een scheiding mee. CBS Webmagazine.

Spröber, N./Schlottke, P./Hautzinger, M. (2008): Bullying in der Schule. Das Präventions- und Interventionsprogramm ProACT + E. Weinheim, Basel: Beltz.

Spröber, N./Schneider, T./Rassenhofer, M./Seitz, A./Liebhardt, H./König, L./Fegert, J. M. (2014): Child sexual abuse in religiously affiliated and secular institutions: a retrospective descriptive analysis of data provided by victims in a government-sponsored reappraisal program in Germany. BMC Public Health, 14, S. 282.

Spröber-Kolb, N./Dresbach, E. (Erscheinungsdatum 2022): Therapie-Tools Mobbing im Kindes- und Jugendalter. Weinheim, Basel: Beltz.

Spruit, A./Goos, L./Weenink, N./Rodenburg, R./Niemeyer, H./Stams, G. J./Colonnesi, C. (2020): The relation between attachment and depression in children and adolescents: A multilevel meta-analysis. Clinical Child and Family Psychology Review, 23(1), S. 54–69.

Sroufe, L. A. (1997): Psychopathology as an outcome of development. Development and Psychopathology, 9, S. 251–268. www.doi.org/10.1017/S0954579497002046 [15. 10. 2021].

Starcke, K./Antons, S./Trotzke, P./Brand, M. (2018): Cue-reactivity in behavioral addictions: A meta-analysis and methodological considerations. Journal of Behavioral Addictions, 7(2), S. 227–238.

Statista Research Department (2021): Statistik der polizeilich erfassten Fälle von sexuellem Missbrauch von Schutzbefohlenen in Deutschland in den Jahren 2009 bis 2020. www.statista.de/statistik/daten/studie/76537/umfrage/sexueller-missbrauch-von-schutzbefohlenen-seit-1994/ [13.10.2021].

Steketee, M./Aussems, C./Marshall, I.H. (2021): Exploring the impact of child maltreatment and interparental violence on violent delinquency in an international sample. Journal of Interpersonal Violence, 36(13/14), S. 7319–7349.

Streeck-Fischer, A./Freyberger, H.J./Fegert, J.M. (Hrsg.). (2009): Adoleszenzpsychiatrie: Psychiatrie und Psychotherapie der Adoleszenz und des jungen Erwachsenenalters. Stuttgart: Klett-Cotta.

Tokunaga, R.S. (2010): Following you home from school: A critical review and synthesis of research on cyberbullying victimization. Computers in human behavior, 26(3), S. 277–287.

UNHCR (2019): Statistiken. www.unhcr.org/dach/de/services/statistiken [05.11.2020].

UNICEF (2020a): Child marriage is a violation of human rights, but is all too common. Data.unicef.org/topic/child-protection/child-marriage/ [28.11.2020].

UNICEF (2020b): Alltägliche Gewalt gegen Kinder: Zahlen und Fakten. Information. www.uniklinik-ulm.de/fileadmin/default/05_Uber-uns/2020-06-27_Faktenblatt_Gewalt_gegen_Kinder.pdf [28.11.2020].

Van Lawick, J./Visser, M. (2017): Kinder aus der Klemme: Interventionen für Familien in hochkonflikthaften Trennungen. Heidelberg: Carl-Auer.

Vindegaard, N./Benros, M.E. (2020): Covid-19 Pandemic and Mental Health Consequences: Systematic Review of the Current Evidence. Brain, Behavior and Immunity, 89, S. 531–542.

Walper, S. (2009): Trennung und Scheidung – Folgen für Kinder im Spiegel deutscher Forschung. In: Höfling, S. (Hrsg.): Interventions for the Best Interest of the Child in Family Law Procedures. Interventionen zum Kindeswohl. München: Hanns-Seidel-Stiftung, S. 29–55.

Walper, S./Entleitner-Phleps, C./Langmeyer-Tornier, A. (2020): Betreuungsmodelle in Trennungsfamilien: Ein Fokus auf das Wechselmodell. Zeitschrift für Soziologie der Erziehung und Sozialisation. Trennungsfamilien in Deutschland, 40(1), S. 62–80.

Walper, S./Langmeyer, A.N. (2019): Belastungs- und Unterstützungsfaktoren für die Entwicklung von Kindern in Trennungsfamilien. Empirische Grundlagen der familienrechtlichen Begutachtung. Göttingen: Hogrefe, S. 13–50.

Wampold, B.E. (2015): How important are the common factors in psychotherapy? An update. World psychiatry – Official Journal of the World Psychiatric Association (WPA), 14(3), S. 270–277. www.doi.org/10.1002/wps.20238 [15.10.2021].

Wampold, B.E./Budge, S.L. (2011): The 2011 Leona Tyler Award Address: The relationship-and its relationship to the common and specific factors of psychotherapy. The Counseling Psychologist, 40(4), S. 601–623.

Wang, Y./Yin, Y./Sun, Y.W./Zhou, Y./Chen, X./Ding, W.N./Wang, W./Li, W./Xu, J.R./Du, Y.S. (2015): Decreased prefrontal lobe interhemispheric functional connectivity in adolescents with internet gaming disorder: a primary study using resting-state FMRI. PloS one, 10(3), S. e0118733.

Wartberg, L./Kriston, L./Thomasius, R. (2018): Depressive symptoms in adolescents: prevalence and associated psychosocial features in a representative sample. Deutsches Ärzteblatt International, 115(33/34), S. 549.

Weinstein, A./Lejoyeux, M. (2010): Internet addiction or excessive internet use. American Journal of Drug and Alcohol Abuse, 36(5), S. 277–283. www.doi.org/10.3109/00952990.2010.491880 [15.10.2021].

Welter-Enderlin, R./Hildenbrand, B. (Hrsg.) (2006): Resilienz – Gedeihen trotzwidriger Umstände. Heidelberg: Carl-Auer.

Weltgesundheitsorganisation [WHO]. (2014). Internationale Klassifikation psychischer Störungen ICD-10 (9. Ausg.). Bern: Huber.

World Health Organization (2021). International statistical classification of diseases and related health problems (11th ed.). https://icd.who.int [12.1.2022].

Wiegand-Grefe, S./Klein, M./Kölch, M./Seckinger, M./Thomasius, R./Ziegenhain, U. (2019): Kinder psychisch kranker Eltern „Forschung". IST-Analyse zur Situation von Kindern psychisch kranker Eltern.

Willis, J./Todorov, A. (2006): First impressions: Making up your mind after a 100-ms exposure to a face. Psychological Science, 17(7), S. 592–598.

Witt, A./Brown, R.C./Plener, P.L./Brähler, E./Fegert, J.M. (2017): Child maltreatment in Germany: prevalence rates in the general population. Child and Adolescent Psychiatry and Mental Health, 11(1), S. 47.

Witt, A./Brown, R./Plener, P.L./Brähler, E./Fegert, J.M./Clemens, V. (2019): Kindesmisshandlung und deren Langzeitfolgen – Analyse einer repräsentativen deutschen Stichprobe. Zeitschrift für Psychiatrie, Psychologie und Psychotherapie, 67(2), S. 100–111.

Wolke, D./Lee, K./Guy, A. (2017): Cyberbullying: a storm in a teacup? European Child & Adolescent Psychiatry, 26(8), S. 899–908.

Wustmann, C. (2004): Resilienz. Widerstandsfähigkeit von Kindern in Tageseinrichtungen fördern. Weinheim, Basel: Beltz.

Wustmann, C. (2015): Pädagogisierung der Kindheit. Ambivalenzen im aktuellen Diskurs über Bildung von Kindern. Zeitschrift für Sozialpädagogik, 13(1), S. 20–30.

Wüstner, A./Otto, C./Schlack, R./Hölling, H./Klasen, F./Ravens-Sieberer, U. (2019): Risk and protective factors for the development of ADHD symptoms in children and adolescents: Results of the longitudinal BELLA study. PloS one, 11(3).

Young, J./Klosko, J. (2007): Sein Leben neu erfinden. Paderborn: Junfermann.

Young, J./Klosko, J./Weishaar, M. (2008): Schematherapie. Ein praxisorientiertes Handbuch. Paderborn: Junfermann.

ZDF Presseportal (2020): Studie zur Mediennutzung. Jugendliche lesen wieder mehr. www.zdf.de/nachrichten/panorama/jim-studie-lesen-jugendliche-100.html [14.09.2021].

# Glossar